中等职业教育规划教材

民航服务礼仪实训

主　编　侯苏容
主　审　王万涛

中国人民大学出版社
·北京·

总 序

当前，中等职业教育“职业能力”培养的实施，课程与教学改革的推进已经越来越指向教与学这个最普通、最基本的行为，改变传统教学行为、向学科本位的教学思想宣战等说法已不鲜见。然而，在学校里，真正改变原有教与学行为方式的重要载体是教材，因此，教材建设成为中职课程与教学改革的重要环节。

为实现服务首都世界城市建设，培养高质量技能型人才的目标，北京市朝阳区教育委员会决定于“十二五”期间启动系列专业教材开发行动计划，这是全面提升职业教育办学水平的重大举措，也是区域职业教育教学改革和人才培养模式创新的重要历史任务。

本系列教材编写致力于突出“四个体现”：

第一，体现职教特色与学生终身发展需要。紧密结合社会经济发展和市场经济需求并与之相适应，关注中职学生认知规律和职业成长发展规律。

第二，体现职教课改思想。以工作过程系统化、典型工作任务为基础，以工作项目为载体，遵循“教学做合一”的基本原则。

第三，体现校企合作、工学结合的基本特征。教学内容符合岗位特点，针对工作任务训练技能，针对岗位标准实施考核评价。

第四，体现行动导向的教学思想。积极创新教学模式，遵循“以人为本”、“做中学”的教学原则，实施多样化的教学模式。

教材编写以建设现代高端职业教育为目标，以高标准、创品牌、出精品为宗旨。编写过程分为组建专业团队，全面开展培训，统一思想认识，组织团队研讨等阶段，同时经历了企业调研、专家指导、集中论证、专业把关、严格修改等必要环节。

系列教材的整个编写过程，对于广大一线教师而言，是一个不断成长和发展的过程，也是一个不断拓展和提升的过程。尽管他们的专业背景各有不同，对课改的理解和内化各有差异，但是，他们都很努力地投入到课程与教学改革实践中，去学习和感悟，尤其在编写过程中，他们的体验逐渐丰富，认识逐渐深化，研究水平逐渐提升。本套教材凝聚了职教教师在长期教学实践中的丰富经验和智慧，记载着他们不断探索、勇于创新的艰辛历程。可以说，教师们尽了自己最大的努力来表达他们对职教课改的研究和理解。

本套教材编写得到了北京市朝阳区委教育工委和区教委的高度重视，区教育研究中心承担了教材编写的研究、组织和指导工作，北京市部分职业学校积极参与了此项工作，一批优秀的骨干教师积极投身到教材编写工作中，并为此付出了辛勤的汗水。教材编写也得到了北京教育科学研究院有关领导、专家的指导，得到了相关行业协会、企业的大力支持，在此深表感谢！还要特别感谢中国人民大学出版社为教材出版所做的辛勤工作！

本系列教材的出版，尽管得益于众多专家的指导，经过编写团队的多次修改、加工，但受时间紧、任务重、水平有限的局限，仍然有许多不足之处，敬请批评指正！

编审委员会

2011 年 8 月 1 日

前　言

民航业作为一个高端服务业，是一个技术含量高、服务要求高、管理规范的特殊行业，安全、快捷、舒适、和谐是它的最大特点。民航服务主要的服务对象是旅客，服务人员的礼仪素质、仪表形象、言谈举止、服务态度、服务技能等，不仅代表着自身和民航企业的形象，还代表着国家的形象与尊严。

21 世纪以来，随着我国经济的持续快速增长，民航业呈现出迅猛发展的态势，对人力资源的需求很大。全国各地涌现出大量不同层次、规模的院校或社会培训机构进行与民航业相关的专业培训。然而，目前大多数的教育和培训仍沿用传统的教育模式，不能很好地满足民航业培养高技能、高素质合格人才的需要。本书本着创新的精神，从中等职业教育目标出发，以就业为导向，以能力为本位，以任务为引领，进一步研究民航服务礼仪的基本理论、技能训练、规范服务等，注重理论与实践的有机结合，为实现中职民航专业学生高质量就业服务。本书充分运用现代教育理念与服务理念，采用了情境任务式礼仪技能训练，最大化地突出了民航服务的礼仪规范的实用性，具有较强的可操作性，以期把学生逐渐培养为具有一定的理论基础和良好的职业礼仪素养、适应市场经济需求、具备职业综合能力的应用型人才。

本书由北京市求实职业学校的侯苏容任主编，方芳、王文坦任副主编。由北京市朝阳区教委、教研中心与航空公司培训专家审定，在此向他们表示感谢。

由于时间仓促，加之编者水平、经验有限，错漏之处难免，敬请提出宝贵意见，以供今后修订完善。在编写过程中，我们参考了大量的资料，限于篇幅，未在书中一一标明，在此一并表示歉意和感谢。

编者

2011 年 7 月

“民航服务礼仪实训”课程说明

礼仪教育的综合结果就在于让人们养成良好的礼仪行为，在交际活动中对礼仪原则和规范的遵从成为一种习惯行为。衡量礼仪教育的效果如何，不是看受教育者了解多少礼仪知识，而是看其交际活动中的行为是否合乎礼仪规范，交际活动能否顺利进行。

一、课程目标

本课程是中等职业学校民航专业的基础课程。学生在本课程学习中，能够掌握民航服务人员的服务礼仪规范、形象维护与组织、沟通、协调等基本知识；会运用鞠躬、服务引导指示、语言沟通等基本礼仪服务技能进行实际操作；工作能力、团队配合能力、创新能力、社交能力等个人能力得以锻炼、加强；有效培养职业服务意识、职业礼仪素养。

二、课程简介

本课程进行大胆的课程改革，由情境案例引发学生主动思考、讨论，探索礼仪知识在实际服务工作中、生活中的运用规范；在礼仪知识提示的基础上，进行大量的民航服务情境礼仪专项技能训练；通过设计多种操作性强的情境训练方式，实现强化训练单项礼仪技能的实用性特点；对每一项训练内容进行角色评价并反馈，使学生真正掌握礼仪知识技能，并能够运用于民航服务工作和日常生活当中。

三、课程章节主要内容及课时分配

本课程介绍的主要内容是民航服务人员礼仪的具体规范，它包括：民航服务人员的仪容仪表、民航服务人员的言谈举止以及民航服务人员日常礼仪规范等。具体安排如下。

第一章　礼仪和民航服务礼仪

一、学习目标

1. 了解礼仪和民航服务礼仪的基本知识和特征；

2. 理解民航服务礼仪在实际工作中的重要作用；

3. 了解民航各岗位的服务礼仪规范；

4. 有意识注重民航服务礼仪修养，以礼仪道德规范自觉约束自身行为。

二、知识内容

1. 礼仪概述；

2. 民航服务礼仪；

3. 民航企业各岗位服务人员行为规范。

三、学生拓展活动内容

1. 查阅古代礼仪的相关资料；

2. 查阅有关中国古代、现代的仪式方面的礼仪知识；
3. 查找有关民航礼仪服务原则、案例方面的资料。

四、参考课时

6 学时。

第二章　民航服务人员仪态礼仪

一、学习目标

1. 了解民航服务人员仪态礼仪规范要点；
2. 掌握站姿、坐姿、蹲姿、步态、服务手势、递接、笑容的正确服务动作；
3. 运用握手礼、鞠躬礼、致意礼进行交往和服务；
4. 逐渐养成服务规范意识，并约束自身行为，提高个人修养。

二、知识内容

1. 优美的站姿；
2. 端庄的坐姿；
3. 美观的蹲姿；
4. 流畅的步态；
5. 手势与指示方向；
6. 递接物品；
7. 握手；
8. 介绍；
9. 鞠躬礼；
10. 致意礼；
11. 面部表情。

三、学生拓展活动内容

（一）单项训练

1. 站姿训练；
2. 坐姿训练；
3. 高低式、交叉式蹲姿训练；
4. 标准步、后退步、引导步、前行转身步、搀扶帮助步态训练；
5. 手势与指示方向、引导手势训练；
6. 递接物品训练；
7. 握手训练；
8. 自我介绍、他人介绍训练；
9. 迎宾鞠躬礼训练；
10. 致意礼训练；
11. 面部表情、微笑训练。

（二）单元综合训练

每个班级分为两个大组，把本章节掌握的11个模块的内容，编排为一套礼仪表演的动作。

四、参考课时

24 学时。

第三章 民航服务人员仪容仪表礼仪

一、学习目标

1. 了解有关仪容、仪表的礼仪规范要点；

2. 掌握民航服务人员上岗时的仪容仪表规范要求；

3. 逐渐养成服务规范意识，并按礼仪规范约束自身行为。

二、知识内容

1. 民航服务人员仪容礼仪。

2. 民航服务人员着装规范礼仪。

三、学生拓展活动内容

1. 走入民航企业，观察员工的仪容规范；检查发型、面部、手的清洁是否符合民航服务礼仪的标准；

2. 在教师指定的时间，女生尝试给自己化妆，妆容要符合民航服务行业员工的标准；

3. 训练领带的结法、丝巾的系法；

4. 训练按着装规范穿着制服；

5. 以班级为单位，做职业形象礼仪展示，要求配以音乐，结合仪态规范练习。

四、参考课时

12 学时。

第四章 民航服务人员语言运用礼仪

一、学习目标

1. 了解语言运用的原则；

2. 了解常用的礼貌用语；

3. 使用礼貌用语和相关称呼用语进行旅客服务；

4. 有意识培养自己的职业化素质，成功与人沟通、交流。

二、知识内容

1. 语言运用的一般原则与技巧。

2. 礼貌用语。

3. 称呼用语。

三、学生拓展活动内容

1. "五言十字"礼貌用语训练；

2. "每人一句"礼貌用语训练；

3. 语言交流训练；

4. 民航服务情境礼貌用语训练。

四、参考课时

8 学时。

第五章　民航服务人员电话礼仪

一、学习目标

1. 了解和掌握公务电话通话礼仪规范；

2. 模拟通话训练，锻炼应变能力和处理突发问题的能力；

3. 培养良好的服务意识及协作精神。

二、知识内容

1. 拨打、接听公务电话礼仪。

2. 电话通话突发状况及对策

3. 移动电话礼仪。

三、学生拓展活动内容

1. 电话礼貌用语运用；

2. 电话流程语言训练；

3. 电话礼仪民航工作情境练习。

四、参考课时

4 学时。

第六章　民航服务空间礼仪

一、学习目标

1. 了解服务空间的距离运用；

2. 运用空间礼仪知识进行旅客服务；

3. 提高与人交往能力及观察能力。

二、知识内容

1. 空间距离分类。

2. 空间距离感差异。

三、学生拓展活动内容

1. 体会不同空间距离的心理感受；

2. 民航服务情境空间距离服务练习。

四、参考课时

4 学时。

第七章　民航服务人员外事礼仪

一、学习目标

1. 了解民航服务人员相关外事礼仪常识；

2. 掌握为外宾服务的礼仪规范；

3. 增强国际交往能力，培养爱国热情，树立尊重意识。

二、知识内容

1. 礼宾次序。

2. 国旗悬挂。

3. 与不同国籍友人交往礼仪规范。

三、学生拓展活动内容

1. 各民族、国家礼仪习俗展示；

2. 接待不同国家、民族的旅客情境服务训练。

四、参考课时

4 学时。

第八章　民航服务人员日常礼仪规范

一、学习目标

1. 了解日常生活中常用的迎访、交通、用餐礼仪规范；

2. 掌握轿车的接待礼仪规范；

3. 掌握日常礼仪规范，提高服务礼仪修养。

二、知识内容

1. 迎访礼仪。

2. 交通礼仪。

3. 餐饮礼仪。

三、学生拓展活动内容

1. 练习上茶的动作方法；

2. 办公室或家庭拜访、待客的模拟训练；

3. 练习上下轿车的姿态；

4. 接待客人上下车，并合理安排座次；

5. 中、西餐就餐演示训练。

四、参考课时

10 学时。

附录：民航常用服务用语、中国传统节日习俗。

本课程教学时间为一学年，共计 72 学时。

四、课程实施建议

1. 教学设计

根据本课程标准，学校在教学实施前，应组织教师进行教学设计，明确课程实施的载体，制定课程实施具体方案，细化课程考核和评价方法。

教学内容可以具体以礼仪案例和民航服务工作情境任务为载体。对民航服务礼仪中知识点的学习，按照对案例思考、讨论的方式进行教学设计，可使用文本或录像、视频、多媒体课件等案例形式，让学生在一定的情境下通过体会、分析、讨论，理解并掌握知识点；通过学生拓展活动环节进行强化，学会实际运用礼仪规范。在教学设计过程中，既要保证学生专业能力的培养，也要重视学生沟通、合作、应变、信息处理等方法能力和社会能力的培养。

2. 教学方法

可采用案例教学法、工作情境、任务驱动法等，激发学生的学习兴趣和责任意识。结合实际充分利用有效的实训基地进行服务技能训练，模拟民航服务中的各种服务情境，提高学生服务技能和工作能力。

现代教学应充分利用互联网，对民航服务专业学生而言，这是一种特殊的接触实际的窗口。根据教学进度需要，引导学生登陆有关网站，了解民航企业状况，收集最新信息，学习礼仪新知，了解最新规则。

在礼仪教育中，要认真组织和指导学生的行为演练，通过严格的礼仪技能训练掌握调节行为的能力，养成良好的行为习惯。利用礼仪展示、礼仪大赛、礼仪社会实践活动，使学生在工作、交际活动中对礼仪原则和规范的遵从成为一种习惯行为。

3. 评价方法

本课程的评价坚持过程性评价与终结性评价相结合。过程性评价包括 10 个实训模块的评价，即仪态单项技能训练、仪态表演展示、职业形象展示、礼貌用语训练、电话通话训练、服务距离训练、礼仪习俗展示、迎访礼仪训练、轿车座次角色训练和用餐礼仪展示。对每一模块学习内容评价的方法，坚持评价主体的多元化，即学生角色互评、教师评价相结合，定量评价和定性评价相结合。终结性评价，主要参考过程性评价结果，并结合学生平时习惯养成、课堂学习状态、礼仪理论掌握情况总评而成。

目　录

第一章 礼仪和民航服务礼仪

学习目标

1. 了解礼仪和民航服务礼仪的基本知识和特证；
2. 理解民航服务礼仪在实际工作中的重要作用；
3. 了解民航各岗位的服务礼仪规范；
4. 有意识注重民航服务礼仪修养，以礼仪道德规范自觉约束自身行为。

人无礼则不立，事无礼则不成，国无礼则不宁。

——荀子

第一节 礼仪概述

一 、礼仪的起源与发展

情景链接

中山装的由来

中山装的由来，据说是 1919 年，孙中山先生在上海居住时，有一次将一套已经穿过的陆军制服拿到著名的亨利服装店请裁缝改成“便服”，后来根据《易经》周代礼仪等逐步演变成现在的款式：关闭式八字形领口，装袖，4 个口袋，前门襟正中 5 粒明纽扣，后背整块无缝。主要是依据国之四维（礼、义、廉、耻）而确定上衣前身设 4 个口袋，依据国民党区别于西方国家三权分立的五权分立（行政、立法、司法、考试、监察）而确定前门襟为 5 粒纽扣，又依据三民主义（民族、民权、民生）而确定袖口有 3 粒扣子等。显然，中山装的形成是在西装基本形式上又糅合了中国传统意识，整体廓形垫肩收腰，均衡对称，穿着稳重大方。

思考·讨论

从以上案例可以看出礼仪的历史久远并渗透于人们的生活中，那么礼仪起源于何时？你知道哪些礼仪方面的典故？同学们之间互相交流。

人类最初的礼仪主要是对自然物神秘不可知的敬畏和祈求，各种宗教、原始崇拜由此而生，如拜物教、图腾崇拜、祖先崇拜等。为了表达这种崇拜之意，人类生活中就有了祭祀活动，并在祭祀活动的历史发展中逐渐完善相应的规范和制度，正式成为祭祀礼仪。

在中国产生了由崇拜自然转而崇拜人类自身的另一种模式，即由对龙的崇敬扩展到对君主的崇敬。随着人类社会生活的发展，人们表示敬畏、祭祀的活动日益频繁，逐步形成各种固定的模式，最终成为正规的礼仪规范。

从历史发展的角度看，中国古代礼仪演变可分为四个阶段，见图 1—1。

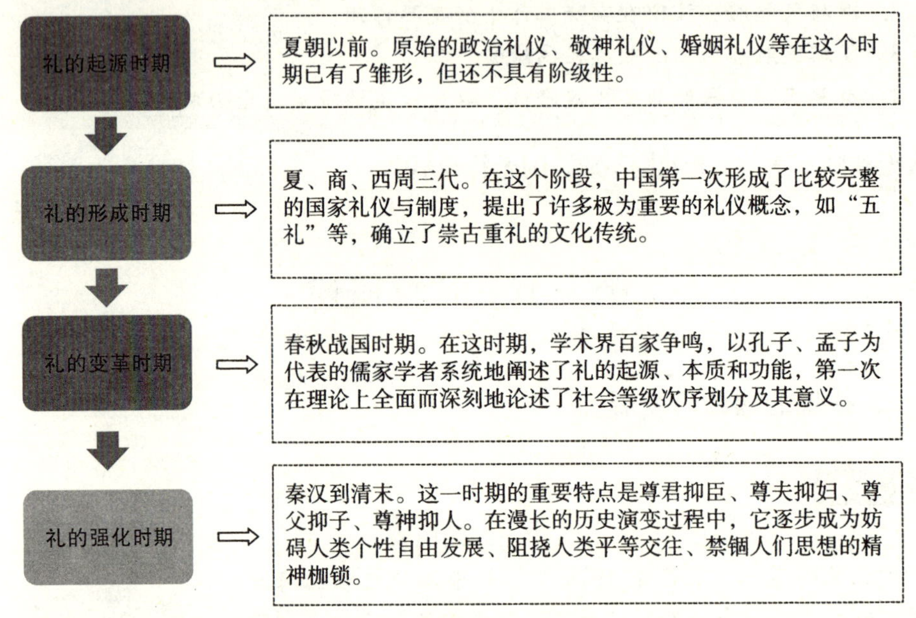

图 1—1　中国古代礼仪演变

辛亥革命以后，西方文化大量传入中国，传统的礼仪规范、制度逐渐被时代抛弃，科学、民主、自由、平等的观念日益深入人心，新的礼仪标准、价值观念得到推广和传播。从世界范围看，资产阶级登上历史舞台，在经济基础和上层建筑各个领域进行了深刻的变革，这是礼仪发展的一个重要阶段。今天国际上通行的一些外交礼仪绝大部分就是这个时期留下来的。

学生拓展活动

1. 了解中国古代礼仪文化：查找古代礼仪中“泰山封禅”等资料，同学之间互相交流。

2. 查找相关资料，回答问题：

(1) 在礼仪形成阶段，形成了“五礼”制度，五礼是指________、________、________、________、________。

(2) ________是我国历史上第一位礼仪学专家。

二、礼仪的概念

情景链接

两声口哨

1786 年，法国国王路易十六的王后玛丽·安东尼到巴黎戏剧院看戏，全场起立鼓掌。放荡不羁的奥古斯丁为了引起王后的注意，面向王后吹了两声很响的口哨。当时吹口哨被视为严重的调戏行为，国王大怒，把奥古斯丁投入监狱。而奥古斯丁入狱后似乎就被遗忘了，既不审讯，也不判刑，就日复一日地被关押着。后因时局变化，曾有过两次出狱的机会，但阴差阳错，终究还是无人问津。直到 1836 年，老态龙钟的奥古斯丁才被释放，当时已经 72 岁。两声口哨换来 50 年的牢狱之灾，实在是天大的代价。

思考·讨论

你是怎么理解这个案例的？“礼仪”这个词我们常说、常见，它的定义是什么？具体有什么含义？

(一) 礼仪的含义

中国古代的“礼”有三种含义，即政治制度、礼貌礼节、礼物；“仪”也有三种含义，即容貌和外表、仪式礼节、准则和法度。古代礼仪更加偏重于政治体制上的道德教化。西方的“礼仪”指言谈举止、教养和规矩、仪式典礼和习俗。

综合中国古代和西方对礼仪的理解，现代礼仪的含义为：礼仪是一种行为规则和行为模式；礼仪是大家共同遵守的；礼仪具有存在的合理性。

(二) 礼仪的定义

从广义上讲，礼仪是指一个国家的典章制度；从狭义上讲，礼仪是指人们在社会交往中受历史传统、风俗习惯、宗教信仰、时代潮流的影响而形成的，既为人们所认同，又为人们所遵守，以建立和谐关系为目的的各种符合礼的行为准则和规范的总和。

(三)“三礼”

现代社会的“三礼”指礼貌、礼节、礼仪。

1. 礼貌

礼貌是人与人之间在接触交往中相互表示敬重和友好的行为准则，它体现了时代的风貌与道德品质，以及人们的文化层次和文明程度。礼貌是一个人在待人接物时的外在表现，它通过言谈、表情、姿态等来表示对人的尊重。

2. 礼节

礼节是人们在日常生活，特别是在交际场合中，相互问候、致意、祝愿、慰问以及给予必要的协助与照料的惯用形式。

3. 礼仪

在礼学体系中，礼仪是有形的，它存在于社会的一切交往活动中，其基本形式受物质水平、历史传统、文化心态、民族习俗等众多因素的影响。因此，语言、行为表情、服饰器物是构成礼仪最基本的三大要素。今天，人们一般对礼仪比较重视。凡为表示敬意而隆重举行的仪式，均称为礼仪。

4. “三礼”的关系

礼貌是礼仪的基础；礼节是礼仪的基本组成部分，也是礼貌的具体表现形式；而礼仪在“三礼”中是层次更高、内涵更广的概念。具体关系见图 1—2。

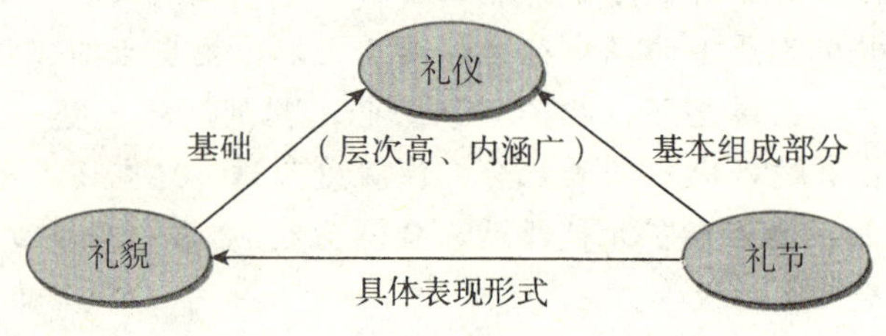

图 1—2 “三礼”的关系

（四）仪式、仪表

仪式是在一定场合举行的具有专门规定的一种行为规范和程序。仪表指人的外表，包括容貌、姿态、风度、服饰等。仪表属于美的外在因素，反映人的精神状态。一个人的仪表有年龄、职业、场合上的不同要求。

学生拓展活动

1. 查阅相关资料，说说中国古代、现代有哪些仪式？这些仪式有哪些程序？应注重哪方面的礼仪？

2. 鸣炮礼。

(1) 鸣礼炮响数的多少依据受礼人的身份高低而定。现在的国际通例是，迎送国家元首或其他相应级别的人，鸣炮________响；迎送政府首脑或其他相应级别的人，鸣炮________响；迎送副总理级官员，鸣炮________响；鸣炮的时间一般是在贵宾到达或离开时进行。

(2) 我国开国盛典的礼炮________门，鸣放________响，是由第一届全国人民政治协商会议决定的。

（图片来源：http：//image. baidu. com。）

三、礼仪的特点

案例

手帕风波

国内某家专门接待外国游客的旅行社，有一次准备在接待来华的意大利游客时送每人一件小礼品。于是，该旅行社订购了一批杭州的名厂名产——纯丝手帕，上面绣着花草图案，十分美观大方。手帕装在特制的有旅行社社徽的纸盒内，显得很像样。中国丝织品闻名于世，料想会受到客人的喜欢。

旅游接待人员到机场迎接意大利的游客时，欢迎词热情、得体。在车上赠送每位游客两盒包装甚好的手帕时，没想到一片哗然，议论纷纷，游客显得很不高兴。特别是一位夫人，大声叫喊，表现极为气愤，还有些伤感。旅游接待人员心慌了，好心好意送人家礼物，不但得不到感谢，还出现这般景象。

思考·讨论

中国人总以为送礼人不怪，这些外国人为什么怪起来了？

原来，在意大利和西方一些国家有这样的习俗：亲朋好友相聚一段时间告别才送手帕，取意为“擦掉惜别的眼泪”。在本案例中，意大利游客兴冲冲地刚刚踏上盼望已久的中国大地，准备开始愉快的旅行，你就让人家“擦掉惜别的眼泪”，人家当然不高兴。

本案例告诉我们：在交际场合，中西方礼仪具有差异，要了解并尊重外国人的风俗习惯，这样做既对他们表示尊重，也不失礼节。

（一）礼仪的共同性

礼仪是行为准则和规范。礼仪是人类文明的一种表现和象征，具有极其明显的人文性、社会性。礼仪在人类生存和发展中，可以说是无时不在、无处不在，这就是礼仪的普遍性。大家都以遵守礼仪为荣，不守礼仪为耻。

（二）礼仪的差异性

不当谦虚

一位英国老妇到中国游览观光，对接待她的导游小姐评价颇高，认为她服务态度好，语言水平高，便夸奖导游小姐说："你的英语讲得好极了！"小姐马上回应说："谢谢您的夸奖，我的英语讲得还不够好。"英国老妇一听生气了："英语是我的母语，难道我不知道英语该怎么说？"

老妇生气的原因无疑是导游小姐忽视东西方礼仪的差异所致。西方人讲究一是一，二是二，而东方人讲究的是谦虚，凡事不张扬。不同国家、不同民族，由于其历史文化传统、语言、文字、活动区域不同，以及在长期的历史发展过程中形成的不同心理素质特征，其礼仪都带有本国家、本民族的特点。

（三）礼仪的继承性

随着时间的推移礼仪传统被沿袭下来。我国的鄂伦春族，在新中国成立之前仍沿袭着原始社会的一些礼仪规范，如相信万物有灵、对熊的崇拜等。

（四）礼仪的发展性

礼仪是社会发展的产物，是人们在各种社会的交往中，为了相互尊重，在仪表、仪态、仪式、仪容、言谈举止等方面共同认可的规范和程序。一个时代的社会风貌、文化习俗、思想观念都会对其产生一定的影响，具有时代的特点。但它不是一成不变的，随着时代的发展、科学技术的进步，在传统的基础上，不断地推陈出新。

学生拓展活动

1. 收集相关资料：不同民族、不同国家的礼仪习俗。并与同学们交流。

2. 数字"7"，在________、________（国家）代表着吉祥、美满，而在________（国家）则有不太好的含义。

中国作为一个具有悠久历史的文明古国，素有"礼仪之邦"的美称。尽管在漫长的人类历史长河中，礼仪的内容和形式一直发生着变化，但是，礼仪不仅是社会生活的需要，也是一个人甚至一个民族文明程度的体现。礼仪是情感交流的纽带，是人际交往的钥匙，可以用来塑造良好形象。

测一测

请同学们试着对自己做一番测试。满分为100分，若得分在50分以下，就得给自己狠敲警钟了。评分方式：选A、B、C、D者，相应得4、3、2、1分。

1. 你探望、问候父母等长辈吗？

A. 经常　B. 一般　C. 偶尔　D. 从不主动

2. 你听从父母等长辈的意见或开导吗？

A. 经常　B. 一般　C. 偶尔　D. 不听或感到嫌烦

3. 你陪父母等长辈聊天吗？

A. 经常　B. 一般　C. 偶尔　D嫌他们啰嗦

4. 你记得父母的生日吗？

A. 记得　B. 记得大概日子

C. 记得月份　D. 毫无印象

5. 你路遇师长打招呼吗？

A. 经常　B. 一般　C. 偶尔　D. 装作没看见或不认识

6. 你走进老师或长辈的房间前先敲门吗？

A. 经常　B. 一般　C. 偶尔　D. 从不

7. 逢年过节你给师长发短信或邮件致贺吗？

A. 经常　B. 一般　C. 偶尔　D. 从不

8. 你上课时认真听课吗？

A. 经常　B. 一般　C. 偶尔　D. 随自己高兴

9. 你对老师为你做的事情表示尊重和感激吗？

A. 经常　B. 一般　C. 偶尔　D. 从不，我行我素

10. 你给长辈打电话时注意礼貌用语吗？

A. 经常　B. 一般　C. 偶尔　D. 从不注意

11. 在公共场所你注意长幼有序吗？

A. 经常　B. 一般　C. 偶尔　D. 从不

12. 你在公交车上给老弱病残让座吗？

A. 经常　B. 一般

C. 偶尔，看自己高兴　D. 从不，装作没看见

13. 与人相处时你注意个人卫生吗？

A. 经常　B. 一般　C. 偶尔　D. 从不

14. 在公众场合你大声喧哗、旁若无人吗？

A. 从不　B. 偶尔（控制不住时）

C. 一般　D. 经常

15. 你答应为别人做事，做到“言必信，信必果”吗？

A. 经常　B. 一般　C. 偶尔　D. 老忘掉

16. 你借别人的书籍、物件注意及时归还吗？

A. 经常　　B. 一般　　C. 偶尔　　D. 老忘掉

17. 你对人说粗话或贬损别人吗？

A. 从不　　B. 偶尔（控制不住时）

C. 一般　　D. 经常（因为别人对我不好）

18. 你喜欢别人批评你，并且闻过则改吗？

A. 经常是　　B. 一般　　C. 偶尔　　D. 从不

19. 你帮助别人，并从中享受快乐吗？

A. 经常　　B. 一般　　C. 偶尔　　D. 从不

20. 你看到别人失败或有缺点时会幸灾乐祸吗？

A. 从不　　B. 偶尔　　C. 一般　　D. 经常

21. 你尊重普通劳动者（如清洁工、门卫、办事员等）的劳动吗？

A. 尊重　　B. 比较尊重

C. 表面上尊重，心底里瞧不起　　D. 根本没感觉

22. 你注意节约粮食、水电吗？

A. 注意　　B. 比较注意　　C. 随自己高兴　　D. 从不在乎

23. 碰到坏人做坏事，你挺身而出吗？

A. 经常　　B. 一般　　C. 偶尔能够　　D. 尽可能躲开

24. 你说话、做事注意别人的感受吗？

A. 很注意　　B. 比较注意　　C. 偶尔注意　　D. 从不注意

25. 你做错事情敢于承担责任吗？

A. 一定会　　B. 一般　　C. 偶尔会　　D. 从不

第二节　民航服务礼仪

如果给服务一个定义，那就是一句话：服务是指为他人做事，并使他人从中受益的一种有偿或无偿的活动。不以实物形式而以提供活劳动的形式满足他人某种特殊需要。

民航服务礼仪是一种行为规范，是指民航业从业服务人员的服务工作中应遵守的行为规范，它具体是指民航地面服务人员、空中乘务人员在工作中与旅客交往，自始至终地以一定的、约定俗成协助旅客顺利完成旅途过程的程序、方式来表现律己、敬人的完整行为。

一、民航服务礼仪的基本要求

案例

待旅客如亲人

一次为旅客办理登机手续时，一位年过古稀的老人，在办理柜台前久久地盯着我看，看得我有点不好意思，我正纳闷，他掏出一张照片递给我看，并告诉我：

"这是我的孙女，和你长得多像！"我细看了照片，真和我十分相像，我将照片还他时，他颤抖的双手紧紧握住我的手，激动不已。眼里噙着泪花说："我两年多没见她了，真想她呀！"我被他的情绪感染了，一边拿着纸巾为他擦泪，一边亲切地说："爷爷，您马上就要见到她了，应该高兴啊。"他突然问我："你叫我什么？""爷爷。"我提高嗓门又亲切地喊了一声。他拍着我的后背，连连说："多懂事的孩子……"仅仅是一声简单的称呼，却让老人的心理得到了极大的慰藉和满足，缩短了我们之间的距离。

思考·讨论

以上案例，"我"作为民航服务人员，做得很好。讨论一下，好的服务质量表现在哪些方面？

有形、规范、系统的服务礼仪，不仅可以树立服务人员和企业良好的形象，更可以塑造受客户欢迎的服务规范和服务技巧，能让服务人员在和客户交往中赢得理解、好感和信任。民航服务礼仪的基本要求如下：

（1）规范服务。

民航岗位要求向服务对象提供服务标准、正确的做法。民航礼仪主要以服务人员的仪容规范、仪态规范、服饰规范、语言规范和岗位规范为基本内容。

（2）礼貌服务。

民航服务人员在服务的过程中，要展现出良好的个人素质和企业礼仪文化。

（图片来源：http：//image.baidu.com。）

（3）主动服务。

作为民航服务人员，要有较强的服务意识和更多的情感投入。

（4）热情服务。

以热情的态度耐心接待服务对象，尤其当服务对象比较挑剔或有较多困难时，一定要保持耐心、冷静，不厌其烦，把工作做好。

学生拓展活动

考考你：查找服务礼仪相关资料，写出在服务过程中，首轮效应、末轮效应、亲和效应怎么体现？

首轮效应体现在：________________________________。

末轮效应体现在：________________________________。

亲和效应体现在：________________________________。

二、民航服务礼仪原则

案例

一视同仁

在一班由约翰内斯堡起飞的班机上，一名看起来经济条件不错的中年白人妇女被安排坐在一名黑人旁边。她发现了之后马上把乘务员叫来，抱怨不已。

“请问有什么问题吗？”乘务员问道。

“你没看到吗？安排我坐在这里，我可受不了坐在这种令人倒胃口的人旁边。请给我找个位子！”

“请冷静，女士，”乘务员回答，“今天班机客满，但是我可以去为您查查经济舱还有没有位置。”

几分钟后，乘务员微笑着向这位女士走了过来，看样子是带着好消息回来了。那名女士沾沾自喜地看着周围的旅客。

乘务员微笑着说：“女士，很抱歉，经济舱已经客满了，我也向机长报告了这个消息，发现只剩头等舱还有一个空位。”

不等那位女士说话，乘务员又接着说：“在这种情况下将旅客提升到头等舱，的确是我们从未遇见过的状况。不过，我已经获得乘务长的特别许可，同意让这位男士离开您的邻座，以免给您带来不便。”

乘务员接着转向那名黑人说：“对不起，先生，如果您不介意的话，我们已经准备好头等舱的位置，请您移驾过去，好吗？”这时响起热烈的掌声，那名黑人就在一片掌声中移到了头等舱。

思考·讨论

通过以上案例，想一想在民航工作过程中应注意些什么？什么行为才是被大家所认可的，符合礼仪的？应避免的行为是什么？

民航服务礼仪主要有八大原则，见图1—3。

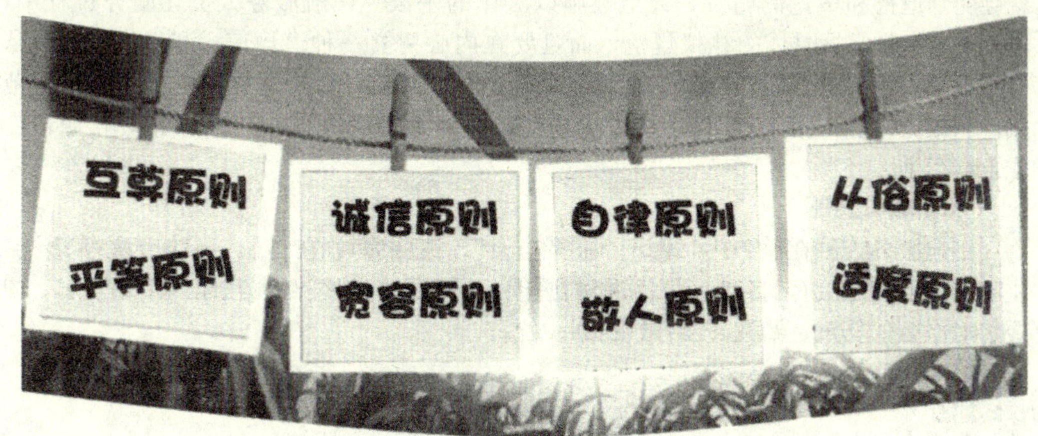

图1—3 民航服务礼仪原则

（一）互尊原则

尊重他人是礼仪的基本原则，人际交往中尊重是相互的，当你向对方表示尊敬和敬意时，对方也会还之以礼，即“礼尚往来”。每一位民航服务人员都应以服务礼仪去规范自己在服务过程中的一言一行、一举一动。以自己对旅客的尊重，赢得旅客对自己的尊重，从而营造和谐的服务氛围。

（二）平等原则

平等相待，正如古人所说：“勿以身贵而贱人。”交往者不应该因为年长、位高而骄傲自负，也不应该因为年轻、位低而自卑自惭。民航服务人员在为旅客服务的过程中，对待所有的旅客要尽力做到“一视同仁”，给予同等程度的礼遇。

（三）诚信原则

诚信是一种美德。内诚于心，外诚于人，诚实守信是中华民族的传统美德。诚实守信是一个人立足社会的基础，也是一个人应有的基本道德品质。在工作中，一个人的诚信比专业能力更重要。专业能力固然重要，但是能力不足的人可以通过个人努力，将勤补拙。而一位没有诚信的人，再出色也于事无补，必定无立足之地。树立诚信意识要从个人做起。企业的员工在与他人相处中，如果缺乏诚信，就会损害自己的形象，甚至影响到企业的形象。

（四）宽容原则

宽容就是心胸宽广，“海纳百川，有容乃大”，能设身处地为旅客着想，能原谅旅客过失，这是一种美德，被称为现代人的礼仪修养。具体在民航服务工作中，就是要多理解客人、体谅客人，切不可求全责备、斤斤计较，甚至咄咄逼人。面对客人提出的过分的甚至是失礼的要求，工作人员应冷静而耐心地解释，“得理也让人”，学会宽容，保全客人的尊严。

（五）自律原则

礼仪一经制定和推行，便成为社会的行为规范和习俗，人们都应遵守和服从，都将自觉或不自觉地受到约束。如果一个人我行我素，不能遵守社会上普遍的礼仪规范，就会受到道德和舆论的谴责，甚至被施以法律的手段。民航服务人员在服务过程中，不仅要了解和掌握具体的礼仪规范，而且要在内心树立一种道德信念和行为修养，从自我约束入手，时时检查自己的行为是否符合礼仪规范，在工作中严格按照礼仪规范接待和服务旅客，做到有没有上级主管在场一个样，客前客后一个样，把礼仪规范变成自觉行为。

（六）敬人原则

民航服务人员在服务中，谨记“旅客至上”，把旅客放在首位，一切为旅客着想，主动热情地满足旅客的各种合理需求和愿望。不但要与旅客互谦互让，互尊互敬，更要将对旅客的尊重、恭敬、友好放在第一位。

案例

化险为夷

我是航空公司的乘务长，在一次飞行任务中遇到这样一件事：

一位旅客不小心碰洒了一杯放在小桌板上的番茄汁，一些汁液溅到邻座旅客衣服上，这位旅客对衣服被弄脏很恼火，按响了呼唤铃叫来乘务员。负责调节此事的是一位经验丰富的乘务员。她说：“先生，您的衣服在飞机上被弄脏，我们感到很抱歉，请您把衣服脱下来交给我，我先帮您把衣服洗一洗，尽量洗干净，这样您回家再洗会容易些。”

但不知是这位旅客误会了乘务员的意思，还是怒火冲昏了头脑，他竟然误认为乘务员是在让他在客舱中当众脱衣服，侮辱了他，大发脾气，怒吼着要求见乘务长。乘务员对此感到非常委屈，好意竟被误解，反遭到责难。我连忙走过来。旅客的情绪越来越激动：“我是男人我怕什么，脱就脱。”他真的脱掉了衬衫，上身打着赤膊。我连忙说：“先生，快把外套穿上吧，当心着凉。您先别激动，这番茄汁有颜色，现在不马上洗洗，回家再洗可能污渍就洗不掉了，这样吧，我先帮您把衣服洗干净，赔偿的事咱们待会再谈好吗?”这位先生想了一下，把衣服扔给了我。

我在卫生间仔细地用肥皂搓洗，把污渍全部洗干净后拿给他看，得到他的确认后，我才说："先生，对于您的衬衫在飞机上被弄脏，我很抱歉，但请您相信，乘务员主动要求为您洗衬衫完全是出自好意，绝没有其他的意思，请您不要多想。"也许是衣服已经洗干净了，也许是周围的旅客都在议论，这位先生没再说什么，也没有再提赔钱的事。

下机时，坐在他附近的一位乘客对我说："你们的工作真的很辛苦，问题处理得很好，值得表扬！"那位碰洒番茄汁的先生说："让你们代我受过，真的不好意思，谢谢你们！"听到这番话我很感动，能得到旅客的理解和支持就是对我们工作最大的肯定和促进。

（七）从俗原则

由于文化、知识、地位等差异，旅客对民航的规则或服务不理解而提出种种意见，甚至拒绝合作。对于这一客观现实，民航服务人员一定要做好心理准备，向旅客耐心解释，力求帮助旅客解决困难或给予满意的答复。

（八）适度原则

民航服务人员在服务过程中，为了保证服务质量与实效，要注意积累服务技巧，合乎服务规范，把握服务分寸，适度得体。依具体情境而行使相应的礼仪，既要彬彬有礼，又不能低三下四；既要热情大方，又不能轻浮谄谀；要自尊不要自负，要坦诚但不能粗鲁。

学生拓展活动

查找服务礼仪相关资料，写出服务礼仪敬人"3A"原则的内容。

3个以字母"A"开头的单词是________、________、________，是指在民航服务过程中，要________、________、________。

三、学习民航服务礼仪的必要性

作为一名民航服务人员，掌握民航服务礼仪，才能做好服务工作。民航服务人员是直接与旅客接触并为旅客服务的人，俗话说："你不会有第二次机会来留下良好的第一印象。"这第一印象对民航服务人员来说至关重要，一位旅客也许一生就乘坐一次飞机，你的第一印象将永远留在其心里，所以要掌握民航服务礼仪。

学习民航服务礼仪对员工个人、航空公司、一个地区乃至国家的形象树立都有重要意义。

（1）有助于提高民航服务人员的个人修养。

一个人的礼仪修养可以反映出其学识、品格，是一个人人格的外在体现。通过礼仪学习，民航服务人员可以按照一定的礼仪规范要求，结合自身实际情况不断自我约束、自我锻炼和改造，做一个有教养、有礼貌、受欢迎的现代人。

（2）有助于更好地体现对宾客的尊重和个人的职业素养。

在人们的日常社会交际中，礼仪是一种社会道德规范，是人们日常交往的行为准则。而在职业范畴里，礼仪反映着从业人员的职业素养，是服务人员职业道德中“热情待客，宾客至上”意识的具体体现。在整个航空旅行过程中，旅客除了物质需求外，更重要的是精神需求的满足。“受到尊重”便是客人最基本的需求之一。而“体贴和尊重”就是礼的核心本质，“礼貌待客”也是服务接待工作的核心内容，所以学习礼节会使民航服务人员在态度、言行、举止等方面更好地尊重和体贴旅客，为旅客提供优质服务，也是一个服务人员的基本职业素养。

（3）有助于提高航空公司的服务质量和服务水平。

大韩航空公司中国地区本部长姜圭元说：“一家航空公司要吸引客人，不仅硬件要过关，而软件，也就是服务方面，是一个系统很长的链条。从电话预订机票开始，到航班上的餐食，再到乘客抵达目的地后的地面服务，环环相扣，任何一个方面都不能疏忽。”作为软件核心之一的“礼貌待客”不仅体现一家航空公司的服务质量和服务水平，也影响企业的经济效益和社会效益，直接决定航空公司的生存与发展。

（4）有助于展示一个地区、一个国家的形象。

礼仪修养是社会道德文化的重要组成部分，它反映一个社会和地区的进步和文明程度，是由其成员和民众履行情况来体现的。民航服务人员作为展示自己国家文明形象的“大使”，代表国家的形象，展示人们的文明程度和精神风貌。特别是我们国家，素有“礼仪之邦”的美誉，民航企业作为国家控股企业，更是对外展示的窗口，民航服务人员良好的礼仪修养会产生积极的宣传效果，能为其所在的企业、城市、国家树立良好形象，赢得荣誉。

测一测

案例

服务意识发自内心

新加坡航空公司一向以优质服务著称，其广告宣传，既不是宣扬公司的历史，也不是介绍公司的规模设施，而是把机舱服务作为主题。广告中，身穿传统马来华丽服装的新加坡空姐笑容甜美，令人感觉真诚。这个广告，直到现在都被公认为是世界上最受欢迎和最耐看的广告，堪称广告典范，而新加坡空姐也已化身成为一个国际品牌，饱受赞誉。对此，华东区经理林受兴曾说：“在招聘的时候，我们就尽量选择那些和善、亲切的人。因为我们觉得服务的意识是发自内心的，当然也可以通过训练培训出来，只是我们觉得内心有服务意识的员工，加上培训才会更好。”

根据以上案例，来测一测目前你的服务意识如何？

下面共有10道测试题，每道题满分10分，你可以酌情为自己打0～10分，总分100分。请如实打分。

（1）在你的家里，你作为年轻的家庭成员，总能做到尊重、关心、顺从老人，关心老人的心情和健康，让老人高兴，在你的影响下，家庭关系很和睦。

（2）只要家里来了客人，你总能主动为客人沏茶倒水，与客人亲切交谈，让客人舒心、随兴、高兴。

（3）和朋友们在一起时，你总是主动关心每一个人的冷暖和心情。

（4）你总是乐于关心和帮助他人，谁遇到困难你都能尽力帮忙。

（5）你经常称赞和夸奖别人。

（6）得到别人的谅解、赞美和帮助时，你总是心存感激。

（7）走在大街上，有陌生人向你问路，你总是不厌其烦地给其讲清楚。

（8）如果有人请你帮忙，而你实在无能为力，你内心会感到愧疚。

（9）在你从业的零售店铺里，你感到有义务和责任去帮助每一位客人，让他们高兴和满意。

（10）你总是能看到别人的优点并欣赏别人。

如果你的总分在80分以上，说明你已经有服务意识，相信你一定能够成为一位了不起的服务明星。

如果你的总分为60～80分，说明你只要稍加努力，便会成为服务高手。

如果你的总分为40～60分，说明你还需要把自己的爱心扩展到更大的范围。

如果你的总分在40分以下，说明你需要经过3个月的适应性训练，来培养和提高自己的服务意识。

第三节　民航企业各岗位服务人员行为规范

这个世界不是因为你能做什么，而是你该做什么。

——马云

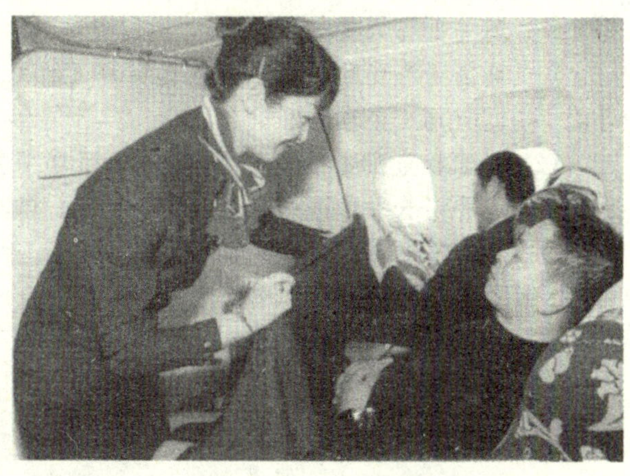

民航是现代服务业的重要组成部分，航空公司、机场等民航企业中拥有众多的服务岗位及员工。按照乘坐飞机这个流程来说，先是票务、值机人员、安检人员、贵宾室服务人员、登机口服务人员、护卫等，这些都是地勤人员。之后是飞行空勤人员，包括飞行员、空中乘务员、空中机械师等。

空中乘务人员主要指能在航空

公司从事空中服务工作的专业人员，要求有一定英语或其他语种的听说能力，具备一定社交礼仪，了解空防与安全、气象、医疗与急救、客舱服务、民航旅客运输等知识。民航运输与管理人员主要从事航空服务管理，有面向候机楼的各类服务、民航宾馆服务、安全检查以及民航运输、民航商务等岗位，涉及面非常广，需要掌握民航管理、旅客服务心理、载重平衡、国际结算等知识技能，是在机场、航空公司从事满足企业运营管理和服务需要的专业技术人员。安全检查人员是在机场、航空公司从事客、货、运安全检查和管理的专业人员，需要安检法规、犯罪心理、防火防爆、安检英语、X光图像识别、民航安全管理、安检设备管理维护等专业技术技能。此外，大量岗位是体能型的服务类岗位，比如票务代理、配餐、理货、货运、货检等，大多要求年轻、身体素质好且责任心强的人员担当。

学生拓展活动

请你收集相关事例，了解民航业对本岗位的礼仪规范有哪些要求？

一、民航企业各岗位服务人员基本行为规范

（1）严格遵守各项规章制度，按时到岗，不迟到，不早退。

（2）上岗前注意检查自己的仪表仪容，注意个人卫生。不得食用大蒜、大葱、韭菜等具有强烈刺激性气味的食物。

（3）工作中坚守岗位。工作间隙，不得擅离职岗。

（4）不对过往旅客指指点点、评头论足。

（5）在工作场所遵守工作纪律，不吸烟、嚼食口香糖及其他食品，当班时不看与工作无关的报纸、杂志等。

（6）当班时，不得有剔牙、挖耳、抠鼻、揿眼等不文雅行为。

二、客舱服务岗位乘务服务人员行为规范

客舱服务人员通常分头等舱乘务员和客舱乘务员。头等舱乘务员主要负责头等舱、驾驶舱的服务以及核对旅客人数等工作；客舱乘务员主要负责厨房和普通舱的旅客服务工作。其主要行为规范有：

（1）乘务员当班时，必须按规范穿着工作装。与旅客、领导、同事相遇，应微笑示意、驻足让道、主动问好。

（2）认真检查机舱相应设备、物品及环境卫生，为旅客营造一个舒心的旅行空间。

（3）与乘务长一起迎送旅客，姿态规范、微笑待客、语音亲切、言语规范。

（4）为旅客服务时，应主动、热情、耐心、周到、有礼，工作中做到“六勤”，即眼勤、嘴勤、手勤、腿勤、耳勤、心勤。

（5）针对有特殊需求的旅客，在不逾越民航工作规定的情况下尽量予以满足。

（6）服从乘务长及主管领导的工作安排。

三、地面服务各岗位服务人员行为礼仪规范

（一）票务员

在工作时票务员的主要行为规范有：

（1）在接受旅客的有效证件和订票单时应使用双手递送。

（2）若有看不清或不明白的地方，一定要婉转问询旅客，注意言语礼貌。

（3）将客票交与旅客时，还应请旅客看清客票上的有关内容，并说明机场名称、乘机日期、离站时间、何时办理登机手续等事宜。必要时，对重点内容可以标注。

（二）问询员

在工作时问询员的主要行为规范有：

（1）应站立服务，微笑问好，态度亲切。

（2）准确掌握航班信息，耐心、细致、礼貌地回答客人的问询。

（3）对于电话问询，要求做到铃响三声之内接听，问好，并报出部门名称。

（4）了解航空公司和机场服务的有关内容，及时、准确向客人进行介绍。

（5）对不正常航班的问询，一定要耐心做好解释工作。

（6）回答旅客问题时应该表达简明、语气温和、语速适中，注意体态语言的使用。

（三）值机员

值机员主要为旅客办理乘机等相关手续。在工作时其主要行为规范有：

（1）为旅客办理票务时，必须询问旅客的航班号、目的地、是否托运行李、是否有特殊餐食要求等，注意态度和蔼、言语礼貌。

（2）接收、发放旅客票证时，一定要用双手，并且向旅客说明航班号、目的地、托运行李件数、登机口、登机时间等。

（3）严格查验旅客机票，帮助客人选择合适的座位。

（4）为旅客办理行李服务时耐心、细致，不能有不耐烦的表情。

（5）对旅客有关行李问题的问询，应耐心解释说明。

（四）安检员

安全检查人员是在机场、航空公司从事客、货、运安全检查和管理的专业人员。在工作时安检员的主要行为规范有：

（1）耐心引导旅客逐个通过安检门。

（2）对通过安检门时报警的旅客，应引导其重复过门进行检查，或手持金属探测仪或手工进行人身检查，注意言语的礼貌性，不可面露不耐烦表情。

（3）手工进行人身检查时应注意由同性别安检人员进行。

（五）引导员

在工作时引导员的主要行为规范有：

（1）维持登机、到达旅客秩序时注意礼貌。

（2）引导旅客登机时，引导员走在第一名旅客前方约 1 米处，引导速度以大多数旅客能跟得上为宜。

（3）引导过程中应注意自己的体态。

学生拓展活动

通过查阅资料，寻找民航服务岗位的优秀服务案例，同学们互相交流，学习其礼仪规范。

岗位礼仪规范：

____。

优秀服务案例：

____

____

____。

学习民航岗位服务规范的体会：

____

____

____。

第二章 民航服务人员礼态礼仪

学习目标

1. 了解民航服务人员仪态礼仪规范要点；
2. 掌握站姿、坐姿、蹲姿、步态、服务手势、递接、笑容的正确服务动作；
3. 运用握手礼、鞠躬礼、致意礼进行交往和服务；
4. 逐渐养成服务规范意识，并约束自身行为，提高个人修养。

一个人的礼仪，就是一面照出他肖像的镜子。

——歌德

如果平时多一个温馨的微笑、一句热情的问候、一个友善的举动、一副真诚的态度；如果留心自己的一言一行，时时处处尊重旅客，理解旅客，言谈举止诚恳、谦和，待人接物得体，必将塑造出完美的民航服务职业形象，真正社会公德的维护者，拥有一个成功的人生。

美国心理学家梅拉比安经过研究，得出结论：人类全部信息的表达＝7%语言＋38%声音＋55%体态语，体态语是指身体状态所表达出来的含义。在判断一个人的某个特定时刻时，观察其身体姿态，就会对其心理有较为准确的判断。

第一节　优美的站姿

头正目平要挺胸，立腰收腹脚并拢，双臂下垂莫乱动，优美挺拔站如松。

情景链接

国航标准化训练

国航重庆公司地服登离机服务人员，每日20分钟仪容姿态要训练，并穿插培训的服务礼仪案例，从旅客角度分析需要改进的方面，感同身受。无不是为了提高服务质量，在国航一致性服务的学习中，大家懂得什么是标准化、专业化的服务技巧。登离机人员每天反复训练、揣摩，根据公司自身情况去提炼、升华。对于登离机服务人员的工作，她们做出了榜样，也代表了所有服务同事愿为旅客真挚服务的决心。

思考·讨论

什么样的站立姿态能给人以自信、乐观、健康的民航职业人形象?

一、站姿的要求

民航服务人员基本站姿的要求是:男性要体现出刚健、潇洒、英武、强壮的风采;女性要体现出柔美、轻盈、典雅的优美感。

具体要做到两脚平放,两腿伸直,膝盖内侧夹紧,髋关节上提,臀部肌肉夹紧,并向上提,收腹,立腰,两肩放平、下沉同时后张,颈直,头要正,头顶的感觉向上。总体感觉有三种对抗的力量相互制约:上提下压、左右居中、前后相加。把气息上提,提高身体的重心,呼吸于胸膈之间;面带微笑。

二、站姿的变化

根据不同服务场合的需要,站姿会有一些变换。女民航服务人员站立时手臂自然下垂于腹前,将右手搭于左手上,四指并拢,两手虎口微张交叉。乘务人员客舱中采用"V"字步站姿(见图2—1)。其他根据服装、场合可采用"丁"字步站姿(见图2—2);男民航服务人员站立时手臂可自然下垂于体侧,也可前搭于腹前,五指自然并拢半握拳,左手搭在右手上,手臂也可后搭,一般在服务中不采用。站立时,当手臂下垂时,采用"V"字步站姿,前、后搭手时可两脚微开,宽度不超过肩宽。

图2—1 "V"字步站姿

图2—2 "丁"字步站姿

三、站姿禁忌

在站立的时候，要注意避免身躯歪斜、弯腰驼背、趴伏倚靠、双腿叉开过大、脚位不当、手位不当、半坐半立、浑身乱动等现象的发生。

学生拓展活动

以安检岗位为情境，训练站姿。要求穿着制服练习，每次训练时间可控制在 20～30 分钟，最好配以轻松舒缓的音乐，以减轻疲劳感。

1. 头顶书本练习：

(1) 颈部自然挺直，下巴微收，上身挺直，目光平视，面带微笑；

(2) 把书本放于头顶正中，使书不要掉下来，头和躯干自然保持平稳；

(3) 锻炼可纠正站立整体重心偏低、低头、歪头、晃头、左顾右盼的毛病。

2. 背靠墙练习：

(1) 将后脑、后背、双肩、臀部、小腿后侧及脚跟与墙壁靠紧；

(2) 分别将三个圆形纸团放于脖颈、两肩与墙之间，不要掉下来；

(3) 双腿膝盖伸直；

(4) 可纠正脖颈前伸、含胸扣肩、身体重心偏移的毛病。

3. 对镜练习：

面对镜子，检查自己的站姿及整体形象，发现问题及时纠正。

4. 站姿变换练习。

评价

1. 把学生分为旅客组与安检站姿展示组，由旅客组先写出评价项目（即站姿动作要点），经过讨论后，写出评价表格（如表 2—1 所示）。

2. 展示组练习站姿 5 分钟后，旅客组评价。分为 3、2、1 分三档，3 分为规范，2 分为基本合格，1 分为有一些瑕疵。

表 2—1　　**评价项目**

头正	脖颈挺直	挺胸	立腰	收腹	夹臀	立髋	腿直	脚平	微笑、目光

30 分为优秀，奖励☆一枚。

第二节　端庄的坐姿

入座轻稳莫含胸，腿脚姿势需庄重，双手摆放要自然，安详端庄坐如钟。

情景链接

被“抖掉”的合同

有一位美国华侨，到国内洽谈合资业务，洽谈了好几次，最后一次来之前，他曾对朋友说：“这是我最后一次洽谈了，我要跟他们的最高领导谈，谈得好，就可以拍板。”过了两个星期，他又回到了美国，朋友问：“谈成了吗？”他说：“没谈成。”朋友问其原因，他回答：“对方很有诚意，进行得也很好，就是坐在我对面跟我谈判的这个领导，当他跟我谈判时，不时地抖着他的双腿，我觉得还没有跟他合作，我的财都被他抖掉了。”

思考·讨论

坐姿除了不要抖动腿以外，还要注意什么？规范的坐姿应该是什么？

一、入座和离座的礼仪细节

作为服务人员，不能随意坐下和起身离开，需要注意一些礼仪方面的细节。

在入座时，应在客人、尊者之后，并坐在适当之处、合礼之处；不要过于突然，最好先致意，并且要轻声，不要发出过大的声响；在入坐人数较多时，为了避免拥挤，最好从椅子的左侧入坐；在坐的同时，要动作优雅，尽量避免弯腰撅臀，又抻又拽，应先坐下后，再调整。

在准备起身时，也要注意在他人之后；如果有必要，要向他人示意；动作要轻缓，根据实际情况，最好从椅子的左侧离开；离开时不要过于突然和匆忙，应先站好再走。

民航人员入座时后撤一小步，轻缓从容入座，女士同时要右手轻抚后裙摆；离座起立时，双脚或右脚先向后收半步，然后站起。

二、坐姿的基本要求

头部端正、两肩放平、立腰、收腹、上体自然挺直。坐下后女士双膝并拢、男士双膝微开。两臂自然下垂，男士双手半握拳放在膝上，女士双手叠放于腿上。为了表示重视，最好坐椅子前三分之二的位置。见图 2—3 和图 2—4。

三、坐姿的变换

正式场合采用基本坐姿。根据实际场合的不同，坐姿也可有一些变换，较为正式的有开关式（见图 2—5）、点式（见图 2—6）、挂式（见图 2—7）等，还有休闲坐姿双腿重叠式。

四、坐姿禁忌

避免出现的坐姿有：男士双腿叉开过大；女士双膝分开；双腿直伸出去；架腿方

式欠妥；腿部抖动摇晃；以脚蹬踏他物；脚尖指向他人；双脚纠缠座位下方部位；坐时上身向前、趴伏或倚靠椅背；手抱在腿上或夹在腿间、上身向前趴伏。

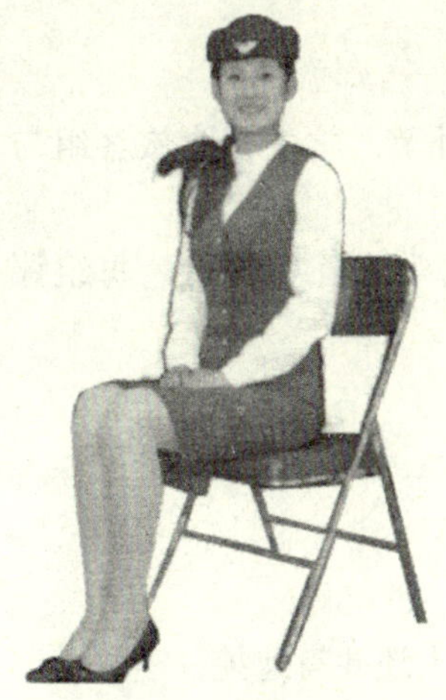

图 2—3　女士基本坐姿

图 2—4　男士基本坐姿

图 2—5　开关式坐姿

图 2—6　点式坐姿

图 2—7　挂式坐姿

学生拓展活动

结合民航问询柜台、值机柜台工作情境练习坐姿。

1. 训练坐姿：入座—坐—离座。

2. 头顶书本坐姿练习：

（1）请学生入座，每人头顶放一本书。

（2）要求上体正直，颈部挺直，双目平视前方，面带微笑，

（3）保证书本不会滑落。

（4）训练时间为 10～20 分钟，可配上轻缓的音乐。

3. 对照镜子练习：按照坐姿的规范进行自我纠正。

4. 不同坐姿变换训练。

评价

1. 模拟票务柜台服务练习离座、站姿、入座、坐姿四个环节。学生分为旅客组与售票组，练习后，由旅客组为服务组评价。

2. 以4～5人小组的形式进行展示：入座—坐—离座，由学生互相评价，每组评出一位坐姿最规范者。奖励一枚。

第三节　美观的蹲姿

蹲姿用在合理处，下蹲美观和优雅，蹲时莫要撅臀部，女士还要有遮掩。

> **工作情境任务**
>
> 2011年6月28日，中国国际航空公司CA1607次航班将于14：45起飞飞往大连。飞机起飞后乘务员在客舱内巡视乘客是否系好了安全带，这时她发现地面上靠近一名女乘客座椅旁的地上有一条漂亮的丝巾……
>
> 你作为乘务员，请你帮助旅客捡起落在地上的丝巾，并还与旅客。

思考·讨论

情境演示中，同学蹲姿动作是否规范？蹲姿动作在民航服务过程中应注意什么？

一、蹲姿的方式

蹲姿有很多种方式，如高低式、交叉式、半蹲式、半跪式等，在服务中，最常用的是高低式蹲姿，也是基本方式。见图2—8。

二、基本蹲姿的动作方法

蹲姿要求下蹲时右脚先后撤一步，再下蹲。动作要优雅，女士着裙装要轻抚裙摆。蹲下后保持上体挺拔，神情自然，掌握好身体的重心，两脚前后分开，女士两腿夹紧，男士两腿微张。蹲的方向最好稍侧身一些。起立时，身体要轻盈，站好再继续行走。

图2—8　基本蹲姿

三、蹲姿的注意事项

下蹲时注意不要过于突然，位置也不要距人过近，可能会造成旅客心里不安；下蹲不要方位失当，直接面对着旅客，会不太礼貌。另外，女士下蹲，除了方位上注意要侧对他人以外，还应用一只手轻按领口部位，不要毫无遮掩，以免走光。

在民航服务过程中，不要随意滥用，以免给人做作的印象，但与年幼旅客交谈要采用蹲姿。工作生活中更不要蹲在不符合礼仪的位置，如椅子上、马路边等，严禁蹲着休息。

学生拓展活动

结合工作情境训练蹲姿。

（1）在候机楼为儿童旅客系鞋带；

（2）在候机楼，旅客行李箱突然损坏，帮助旅客修理行李箱；

（3）在客舱与无人陪伴的旅客交谈；

（4）在客舱中，为旅客整理座椅下物品。

评价

学生分为旅客组和服务组练习，各组轮流设计服务情境，练习蹲姿，组间互相评价。评价内容为蹲姿动作的规范性、连贯性和优美性。都做到的奖励 一枚 。

第四节　流畅的步态

头正立腰挺起胸，步位步履要适中，目光平视莫环顾，稳健自如行如风。

工作情境任务

1. 机场配载员手拿资料，从廊桥走至值班办公室。

2. 一位老年旅客行动不便，又没有陪同人员，刚进行完安检要走到登机口处，你作为机场服务人员正好经过，应该怎么做？

思考·讨论

情境演示同学步态优美吗？步态除了美观性，还应注意什么？第二个情境中机场服务人员的做法展示了民航工作人员的服务意识了吗？

行姿可以体现一个人的精神面貌，女性行姿以轻松、敏捷、健美为好，男性行姿要求协调、稳健、庄重、刚毅。

一、标准步态

（1）步姿自然。

上体正直，稍向前倾，两肩放平，挺胸收腹，两手前后自然摆动。

（2）步位要直。

女士迈步时，两脚的内侧宜踩在一条直线上，即所谓“一”字步、“柳叶步”；男士迈步时，两脚脚跟应走在一条直线上，脚尖可适当分开，即所谓“平行步”。

（3）步速适中。

步速应自然舒缓，显得成熟自信。一般而言，男士每分钟步速为108～110步，女士每分钟步速为118～120步。

（4）步幅适度。

跨步均匀，两脚间的距离为一只脚的1～1.5倍。

二、步态种类及其注意事项

根据在不同的场合和地点，行走会有一些细微的差别。

（一）后退步

与人告别时，应当先后退两三步，再转身离去。退步时脚轻擦地面，步幅要小，先转身后转头。

（二）引导步

引导步是用于走在前边给宾客带路的步态。引导时要尽可能走在宾客左侧前方，整个身体在行进中，不时稍半转向宾客方向，保持两步的距离。遇到上下楼梯，拐弯、进门时，要用手势示意，并运用语言提示客人。

（三）前行转身步

在前行中要拐弯时，要在距离所转方向远侧的一脚落地后，立即以该脚掌为轴，转过全身，然后迈出另一脚。即向左拐，要右脚在前时转身；向右拐，要左脚在前时转身。

（四）搀扶帮助步态

在民航服务过程中，经常会用到搀扶帮助服务，先要选准对象，确认对方确实需要搀扶。搀扶的方法得当，即一只手臂穿过对方的腋下，架着其胳膊，再以另一只手扶在其小臂上。用力之处，主要是穿过对方腋下的那只手臂。步态的速度适中，如果路途较长，要稍事休息。

三、步态禁忌

（1）身体乱摇乱摆，晃肩、扭臀；方向不定，到处张望。

（2）“外八字”或“内八字”迈步。

（3）步子太快或太慢；重心向后，脚步拖拉。

（4）多人行走时，勾肩搭背，大呼小叫。

（5）弓腰驼背行走。

（6）行走只摆小臂。

（7）脚蹭地皮行走。

学生拓展活动

1. 行走辅助训练。

（1）摆臂。人直立，保持基本站姿。两手呈半握拳状，由大臂带动小臂。

（2）展膝。保持基本站姿，左脚跟起踵，脚尖不离地面，左脚跟落下时，右脚跟同时起踵，两脚交替进行，脚跟提起的腿屈膝，另一条腿膝部内侧用力绷直。做此动作时，两膝靠拢，内侧摩擦运动。

（3）平衡。行走时，在头上放个小垫子或书本，用左右手轮流扶住，在能够掌握平衡之后，再放下手进行练习，注意保持物品不掉下来。通过训练，使背脊、脖子竖直，上半身不随便摇晃。

2. 迈步分解动作练习。

（1）保持基本站姿，双手叉腰，左腿擦地前点地，与右脚相距一个脚长，右腿直腿蹬地，髋关节迅速前移重心，成右后点地，然后换方向练习。

（2）保持基本站姿，两臂体侧自然下垂。左腿前点地时，左臂向后斜摆，右腿蹬地，重心前移，成右后点地，手臂位置不变，然后换方向练习。

3. 行走连续动作训练。

（1）左腿屈膝，向上抬起，提腿向正前方迈出，脚跟先落地，经脚心、前脚掌至全脚落地，同时右脚后跟向上慢慢垫起，身体重心移向左腿。

（2）换右腿屈膝，经过与左腿膝盖内侧摩擦向上抬起，勾脚迈出，脚跟先着地，落在左脚前方，两脚间相隔一脚距离。

（3）迈左腿时，右臂在前；迈右腿时，左臂在前。

（4）将以上动作连贯运用，反复练习。

4. 配合服务工作场景训练步态。

（1）值机员为值班经理递送工作票据后，后退转身步离开；

（2）作为机场安全巡查员，在候机楼中巡查；

（3）分别引导老年、中年男士、中年女士、年幼旅客等不同角色旅客，前行、拐弯等引导步行进。

评价

模拟机场候机楼引导旅客工作情境。学生分为旅客组和演示组。

演示组分别做标准步态、服务步态展示，旅客组根据步态形象优雅度选出行走明星，奖励一枚。

第五节　手势与指示方向

手势动作表心声，各种规矩要分清，掌心向上示尊重，准确自然有真情。

案例

“V”手势是谁发明的

将食指和中指竖起分开，形成“V”字，已经成为现在流行的表示“胜利”的姿势。但是，许多人也许并不知道这个手势是丘吉尔一怒之下发明的。

第二次世界大战期间，丘吉尔在地下掩蔽部内举行记者招待会，突然上面警报声大作，丘吉尔闻声举起右手，将食指和中指同时按住作战地图上的两个德国城市，大声地对与会记者们说：“请相信，我们会反击的！”这时，在场的一名记者发问：“首相先生，有把握吗？”丘吉尔转过身，目光锐利地望着记者们，立即将按在地图上的两指指向天花板，情绪激动地大声回答说：“一定胜利！”

丘吉尔这一镇定威严的神态举止，被记者们拍了下来，登在了第二天出版的报纸上。从此，这一著名的手势便在英国城乡广泛流行开来，并很快在全世界普及。

思考·讨论

除了“V”手势以外，你还知道哪些代表不同含义的手势？

手是传情达意的最有力的手段，正确适当地运用手势，可以增强感情的表达。手势是民航服务工作中必不可少的一种体态语言，学习手势语是大有学问的。

一、手势语

手及手臂的动作比较直观，在举止中起着举足轻重的作用。在生活中，不同的手势，会有不同的含义。在民航服务过程中，民航服务人员对不同国家和地区的旅客，要注意手势的含义，遵循民航礼仪的原则。

（一）“OK”手势

“OK”手势（见图 2—9）在美国，表示“同意、顺利、很好”；在中国表示“好的”，还表示数字“0”或“3”；印度表示的含义是“正确”；法国表示“微不足道”或“一钱不值”；在日本、缅甸、韩国等国家表示“金钱”；在印度尼西亚则表示“什么也干不了，什么也没有”以及“不成功”；在泰国表示“没问题”；对佛教徒表示的含义是“多多保重”；而在巴西、希腊和意大利的撒丁岛，这是一种令人厌恶的污秽手势；在马耳他代表的是一句无声而恶毒的骂人语。

图 2—9　“OK”手势

（二）跷起大拇指

跷起大拇指（见图 2—10）在中国是个经典手势，表示称赞、夸奖、了不起；在美国和欧洲部分地区，表示要搭车；在德国、意大利数数字从大拇指开始计算，即“1”；在日本则表示数字“5”和“老爷子”；在澳大利亚竖起大拇指是一个不文明的手势。

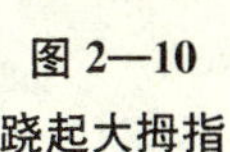

图 2—10

跷起大拇指

图 2—11

“V”字形手势

在与别人谈话时将拇指跷起来反向指向第三者，是对其的嘲讽。在民航服务中一定要加以避免。

（三）“V”字形手势

这种手势是表示“胜利”、“成功”；在亚非国家，“V”字形手势（见图 2—11）一般表示两件事或两个东西。但是，使用时注意手掌的方向，如果掌心向内，就变成骂人的手势了。

（四）鼓掌

鼓掌是用以表示欢迎、祝贺、支持的一种手势，多用于会议、演出、比赛或迎接嘉宾。其做法是：右手掌心向下，以右手四指有节奏地拍击掌心向上的左手手掌部位。必要时，应起身站立。

二、民航服务常用手势

工作情境任务

我国举办奥运会期间，机场根据实际需要，安排了奥运服务大使的服务岗位，来迎候来自四面八方的旅客，并提供相关的引导、问询服务。这时，有一位老年旅客要办理国际中转手续，你作为服务大使，请引导旅客前行 10 米—拐弯—前行 10 米至中转柜台。

思考·讨论

工作情境中，同学演示引导的动作标准吗？引导时，手势应注意什么？

手势是民航服务时不可缺少的动作，是最有表现力的体态语言。在工作中，人们常常忽略手势礼仪，因一个小动作而失礼，暴露出自己礼仪修养的不足。其中最常用的举手示意手势就常被不规范使用，显得对人有失敬意。在引路、指示方向时应五指并拢，掌心斜向上 45°指示方向，小臂带动大臂。身体随着手的方向自然转动，一般情况下，视线顺序依次是旅客的眼睛—指示物或所指方向—回到旅客的眼睛，这样来确定旅客理解与否。在做手势动作的同时，应配合眼神、表情和其他姿态，这样才显得大方、得体、自然。有的服务人员在服务过程中，表现出的手势运用不规范、不明确，动作不协调，寓意含混等现象，会给旅客留下漫不经心、不认真、不专业、服务人员素质不高等印象。

服务手势可分为：

(1) 横摆式手势：适用于引导，指引物品，指引较近的距离，见图 2—12。

（2）直臂式手势：适用于引导，指引较远一些的距离，见图 2—13。

（3）曲臂式手势：适用于一只手手持物品或扶门，另外一只手进行引导，见图 2—14。

（4）斜摆式手势：请人入座时采用，见图 2—15。

图 2—12 横摆式手势

图 2—13 直臂式手势

图 2—14 曲臂式手势

图 2—15 斜摆式手势

三、手势注意事项

案例

失礼的“手”

张女士是商务工作者，由于业务成绩出色，随团到中东地区某个国家考察。抵达目的地后，受到东道主的热情接待，并举行宴会招待。席间，为表示敬意，主人向每位客人一一递上一杯当地特产饮料。轮到张女士接饮料时，一向“左撇子”的张女士不假思索便伸出左手去接，主人见此情景脸色骤变，不但没有将饮料递到张女士的手中，而且非常生气地将饮料重重地放在餐桌上，不再理睬张女士。

思考·讨论

张女士的举动为什么会让主人非常生气？

原来，在那个国家，人们的左右手有着明显的分工。正规情况下，右手被视为“尊贵之手”，可用于进餐、递送物品以及向别人行礼。而左手则被视为“不洁之手”，用左手递接物品，或是与人接触、施礼，在该国被人们公认为是一种蓄意侮辱。张女士在这次交往中违规犯忌，说到底是由于她不了解该国的习俗所致的。

（1）注意区域性差异。

不同国家、不同地区、不同民族，由于文化习俗的不同，手势的含意也有很多差别，甚至同一手势表达的意思也不相同。所以，只有了解手势表达的意思，才不至于无事生非。

（2）手势不宜过多，动作幅度不宜过大。

在运用手势时，切忌“指手画脚”和“手舞足蹈”，这样会给人烦躁不安、心神不定的感觉，甚至给人轻佻感。在与人交谈时，如果反复摆弄自己的手指，如活动关节，甚至发出“嘎、嘎”的声响，或者手指动来动去，会给人以不舒服的感觉。

（3）注意手势速度和高度。

手势过快，会给人带来紧张感；手势过高，超过了头顶，有失端庄大方的仪态，手势最高不能超过耳朵。

（4）手势一定要自然、协调。

手势使用不当，会给人僵硬、做作的感觉，一定要做到自然、协调、美观。在工作之中，若是将一只手或双手插放在自己的口袋之中，不论其姿势是否优雅，通常都是不允许的。正确的做法是双臂自然下垂，双手掌心向内轻贴大腿两侧。

（5）用手示意别用指头指。

案例

数人数

有一天，一位女导游带领来自英国的外宾团，在准备上旅行车清点人数时，这位美丽的导游开始手心向下，用食指点人数“1、2、3……”

思考·讨论

大家觉得导游数人数的手势正确吗？正确的手势应该是什么样的？

正确的示意手势应该是除拇指外四指合拢，伸出手掌用指尖所指的方向示意，而不能直接伸出食指，用一个指头进行指示，尤其是在相互介绍的场合，最忌讳用一个指头指着人向第三方介绍。假如用手指直接指向对方就更加不礼貌，甚至会引起对方的反感。此外，一些人习惯性地用手中正在使用的笔指点对方或做示意，也不符合礼仪规范。

学生拓展活动

1. 结合学校宣布班级获奖、欢迎班级来宾的情境，练习鼓掌的动作：

（1）体会手部动作；

（2）按节奏鼓掌。

2. 结合坐姿动作规范，两人一组训练斜摆式手势动作：

要求手、表情、语言配合协调、自然大方。

3. 原地服务手势动作训练：

运用提问方位等问题，训练学生运用横摆式手势、直臂式手势指示方位并回答。

4. 行进引导手势动作训练：

结合步态，训练学生引导嘉宾前行、拐弯、上下楼梯、进出房门。

5. 民航工作情境训练：

学生分为两组，即旅客组与服务组，服务人员运用四种服务手势进行服务。

（1）在机场贵宾候机室，你作为服务人员，引导旅客入座；登机时间到了，引导旅客登机，并为其开门。

（2）分别为问询的老年、中年男士、中年女士、年幼旅客等不同角色旅客做引导，引导旅客前行、拐弯、上下楼梯等。

评价

根据民航工作情境，由旅客组对服务组进行服务引导手势评价，并评选出服务明星。评价项目见表 2—2。

表 2—2　　　　　　　　　　　　**评价项目**

动作规范	指引准确	方式正确	语言到位	表情自然	服务主动

每项分 3、2、1 分三个等级，3 分为优秀，2 分为一般，1 分为有瑕疵。18 分为服务明星，奖励一枚。

第六节　递接物品

递接物品用双手，文字正反记心头，尖头利角需注意，礼貌用语要随口。

工作情境任务

以 4 名学生为一小组，两名演示在客机机舱、机场餐厅、机场服务大厅等不同场景，为旅客递送表格、证件、饮品等服务。另两名认真观察，得出递接物品动作礼仪规范要点。

思考 · 讨论

情境训练各小组讨论并总结出的递接物品规范，与同学交流，取长补短。

在递接物品时应注意以双手为宜，在工作中，所有物品都要轻拿轻放，见图2—16。

图 2—16　递接物品

一、递物

(1) 面带微笑，目视对方，递于对方手中，同时轻声说：“请您拿好”。

(2) 递物品时要考虑方便对方接拿。贵宾休息室服务敬茶时应右手扶住杯身，左手托住杯底，双手敬上，杯耳朝向客人的右前方，方便对方接拿，一般茶杯放在客人右手边；有文字性的材料时，字体应朝向接收人为好；递送名片要把握好时机，除了注意字体方向要朝向对方以外，还应双手递送；有尖、刃的物品，应注意安全，尖、刃向内，递笔时，笔尖不可以指向对方。

二、接物

(1) 作为接受人应主动上前，双手接过，并道谢。

(2) 接收名片后，应认真阅读一遍，态度毕恭毕敬，使旅客感到你对此名片感兴趣，还可就名片上的某问题当面请教。看过名片后，千万不可随意乱放，要仔细把名片放在口袋或名片夹里，以示对对方的尊重。接过名片后如自己有名片，可马上送上，若没有带，可向对方说明，并主动自我介绍。

学生拓展活动

递接物品动作训练，两人一组。

1. 无实物递接动作。

递送的一方：立正站好，双手端正举起于腹部高度，掌心朝上，五指并拢，用力均匀，做到轻而稳。保持微笑，目视对方，上体微向前倾，递送出文件的同时轻声说："请您拿好。"

接收的一方：立正站好或起身，保持微笑，目视对方，双手模拟接过物品的同时轻声说"谢谢您"，收好文件。

2. 实物递接动作。

使用名片、茶杯、笔等实物练习。重点体会不同物品，递接动作的区别。

3. 分出不同角色，如男士向女士递送文件、下级向上级递送文件、晚辈向长辈递送文件等。如果角色发生变化，如上级向下级颁发奖状、长辈向晚辈递一支笔等，该如何递接？

4. 情境模拟练习。

（1）模拟值机柜台，办理登机手续，服务人员向旅客递送登机牌、机票。

（2）机场贵宾休息室，服务人员为旅客倒水，并给旅客递送水杯。

评价

设计工作情境，两人一组练习递接物品，其他同学评价。从递接不同物品时的身体动作、面部表情、语言表述、递接方式四个方面评价，见表2—3。

表2—3 **评价项目**

递接物品	递的动作	接的动作
登机牌		
名片		
茶杯		
笔		

每项分3、2、1分三个等级，3分为优秀，2分为一般，1分为有瑕疵。24分为满分，奖励一枚。

第七节 握手

握手含义有很多，各项礼规莫搞错，优雅大方要适度，互致问候暖心窝。

案例

握手尴尬

刘强是某单位的经理，有一天，他被邀请参加一场晚宴，此次晚宴规模巨大，聚集了职场上的成功人士。在宴会上，刘强被朋友介绍给一位女士。为了表示自己的友好，他先把手伸了出去，可是那位女士居然没有反应，还在与一旁的朋友说说笑笑。刘强非常尴尬，觉得手不能再缩回去了，撑了大概20秒，那位女士还是不配合，后来他一着急说："蚊子!"转手去打莫须有的蚊子。这种场面让周围的人都不禁捏了把冷汗，刘强也是满脸通红地离开了。

思考·讨论

讨论一下，为什么会出现那样的尴尬场面？握手怎么握？有什么礼仪规范呢？

握手是大多数国家中人们相互见面和离别时的礼节，它可以说是世界上最通用的礼节。看似简单的握手，却蕴涵着复杂的礼仪细节，承载着丰富的交际信息。

一、握手的场合

(1) 遇到较长时间没见面的熟人；

(2) 在比较正式的场合和认识的人道别；

(3) 在以本人作为东道主的社交场合，迎接或送别来访者时；

(4) 拜访他人后，见面和辞行的时候；

(5) 被介绍给不认识的人时；

(6) 在社交场合，偶然遇上亲朋故旧或上司时；

(7) 别人给予自己一定的支持、鼓励或帮助时；

(8) 表示感谢、恭喜、祝贺时；

(9) 对别人表示理解、支持、肯定时；

(10) 别人患病、失恋、失业、降职或遭受其他挫折时；

(11) 赠送礼品或颁发奖品时。

二、握手的顺序

在双方有必要握手时，握手的原则如下：

(1)"尊者决定"原则。

年长者与年幼者握手，应由年长者先伸出手来。长辈与晚辈握手，应由长辈先伸出手来。老师与学生握手，应由老师先伸出手来。

(2)“女士优先”原则。

女士与男士握手，应由女士先伸出手来。

(3)“已婚主动”原则。

已婚者与未婚者握手，应由已婚者先伸出手来。

(4)“职位、身份高”原则。

职位、身份高者与职位、身份低者握手，应由职位、身份高者先伸出手来。

(5)“顺时针”原则。

如果在餐桌上，或围坐在大厅时，可以按顺时针方向握手。

(6)“主客迎送”原则。

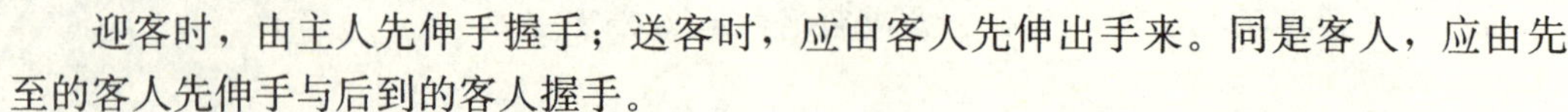

迎客时，由主人先伸手握手；送客时，应由客人先伸出手来。同是客人，应由先至的客人先伸手与后到的客人握手。

(7)“由高到低”、“由近及远”原则。

在集体握手中，会出现一人与多人握手的情况：东道主一方主动伸手握手，握手的顺序应从客人一方的上级至下级、年纪大至岁数小或由近及远握手。

当然，在实际生活和工作中，会出现角色交织的情况，这个时候谁先伸手才符合礼仪规范呢？一定记住要分场合！正式场合和休闲场合，分清以什么角色为主是很重要的。

三、握手动作规范

情景链接

我接触过的手，虽然无言，却极富有表现性。有的人握手能拒人千里之外，我握着他们冷冰冰的手指，就像和凛冽的北风握手一样。而有些人的手充满阳光，握着他们的手，感觉温暖。

——美国聋盲女作家 海伦·凯勒

思考·讨论

怎么样握手才能让对方感受到你的温暖和热情？

(一) 姿势

握手应用右手，四指并拢，手掌与地面垂直，拇指伸开，掌心向内，手的高度大致与对方腰部上方持平，彼此之间保持一步左右的距离，两足立正，上身略微前倾，注视对方，面带微笑，轻轻上下摇动3～4下。见图2—17。

(二) 时间

初次见面者，一般控制在3～5秒钟，老朋友见面时，握手时间可以稍长一点，但是不要超过 20 秒钟。

（三）力度

握手力度要适中，稍微使点劲，以表热情，不宜过大、过轻。力度过大，会给对方带来不适感；力度过轻，会给人高傲、冷淡的感觉。

图 2—17　握手姿势

四、握手忌讳

（1）忌心不在焉。在握手时，千万不可表情呆板、不说话、眼神呆滞、心不在焉。

（2）男士与女士握手忌直插虎口处，忌双握式。

（3）忌伸出左手。除特殊情况，握手一定要用右手。若右手脏不宜握手，宁可说明情况不必握手，也不要用左手相握。

（4）忌戴着手套。与对方握手时，一定要摘掉手套，以表尊敬，但是女士装饰性、与服装相配的手套除外。

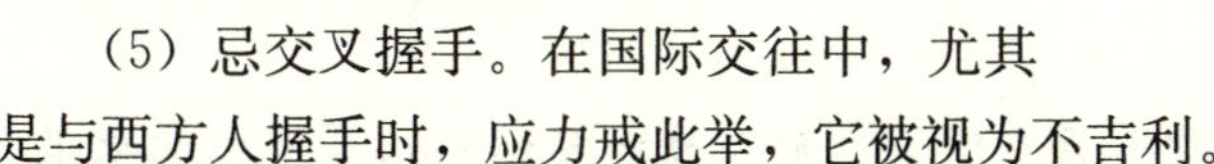

（5）忌交叉握手。在国际交往中，尤其是与西方人握手时，应力戒此举，它被视为不吉利。

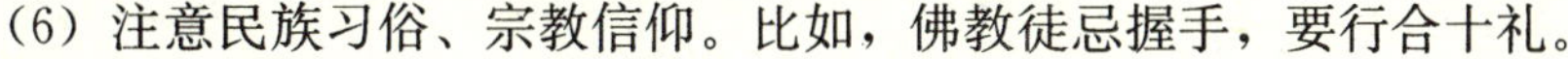

（6）注意民族习俗、宗教信仰。比如，佛教徒忌握手，要行合十礼。

学生拓展活动

学生两人一组练习握手。

1. 握手分解动作：相对站立—跨上一步—伸出右手—握手—微笑并问候。

2. 握手连贯动作。

3. 分角色握手。把不同角色身份写在纸条上，由学生随机抽取，根据角色训练。

当上级与下级相见、年长者与年幼者相见、长辈与晚辈相见、女士与男士相见、已婚者与未婚者相见、客人先至者与后来者相见、主人与客人见面（来访时与离去）、一人与多人相见需要握手时，进行握手训练。

4. 分场合、分角色握手。在前一张纸条的基础上，由教师设定不同的情境，由学生快速判断，握手训练。

评价

两人一组，互相评价。学生设计场合，不同角色见面，从理性（动作、伸手顺序、面部表情、语言）和感性（热情、真诚）进行评价。分为 1、2、3 三个等级，3 为完美级。

第八节　介绍

介绍自我和他人，态度大方和自然，动作规范助交往，介绍顺序是关键。

案例

“特色”介绍

布朗是一位作家。一次应邀参加一个会议，并进行演讲。在演讲前，会议主持人将布朗先生介绍给观众，下面是主持人的介绍语：

先生们，请注意了，今天给你们带来一个不好的消息，我们本想邀请马克来给我们讲话，但是他来不了，病了。（下面嘘声）后来，我们邀请参议员布莱特前来，可他太忙了。（嘘声）最后我们试图请罗伊博士，也没有成功。（嘘声）所以，我们请到了—布朗。

工作情境任务

你陪同上司领导，遇见你的老同学，同学与自己打了招呼。请你为他们做介绍。

思考·讨论

请你想一想，在以上案例介绍中，存在哪些问题？情境演示的同学介绍的效果如何？介绍时应该注意哪些方面？

介绍分为两种形式：自我介绍和他人介绍。

一、自我介绍

在民航工作中，如需要处理旅客相关事务，当时又无人引见，可向对方自报家门，自己将自己介绍给对方。如果有介绍人在场，自我介绍则被视为不礼貌的。

（一）自我介绍的时机

（1）应聘求职时；

（2）应试求学时；

（3）在社交场合，与不相识者相处时；

（4）在社交场合，有不相识者表现出对自己感兴趣时；

（5）在社交场合，有不相识者要求自己作自我介绍时；

（6）在公共聚会上，与身边的陌生人组成交际圈时；

（7）在公共聚会上，打算介入陌生人组成的交际圈时；

（8）交往对象因为健忘而记不清自己，或担心这种情况可能出现时；

（9）有求于人，而对方对自己不甚了解，或一无所知时；

（10）拜访熟人遇到不相识者挡驾，或是对方不在，而需要请不相识者代为转告时；

(11) 前往陌生单位，进行业务联系时；

(12) 在出差、旅行途中，与他人不期而遇，并且有必要与之建立临时接触时；

(13) 因业务需要，在公共场合进行业务推广时；

(14) 初次利用大众传媒向社会公众进行自我推荐、自我宣传时。

自我介绍时应先向对方点头致意，得到回应后再向对方介绍自己的姓名、身份、单位等。

（二）自我介绍的具体形式

(1) 应酬式。

适用于某些公共场合和一般性的社交场合，这种自我介绍最为简洁，往往只包括姓名一项即可。

(2) 工作式。

适用于工作场合，它包括本人姓名、供职单位及其部门、职务或从事的具体工作等。这种形式，在我们民航服务工作过程中经常使用。

(3) 交流式。

适用于社交活动中，希望与交往对象进一步交流与沟通。它大体包括介绍者的姓名、工作、籍贯、学历、兴趣及与交往对象的某些熟人的关系。

(4) 礼仪式。

适用于讲座、报告、演出、庆典、仪式等一些正规而隆重的场合。包括姓名、单位、职务等，同时还应加入适当的谦辞、敬辞。

(5) 问答式。

适用于应试、应聘和公务交往。问答式的自我介绍，应该是有问必答，问什么就答什么。

（三）自我介绍的时间

一般性自我介绍，时间可以短至几秒，最好不要超过半分钟；面试介绍不超过三分钟。

（四）自我介绍的态度

进行自我介绍，态度一定要自然、友善、亲切、随和。应落落大方，彬彬有礼。既不能扭扭捏捏，又不能虚张声势，轻浮夸张。语气要自然增长，语速要适当，语音要清晰。进行自我介绍要实事求是，真实可信，不可自吹自擂，夸大其辞。

二、他人介绍

作为中间介绍人要明确：被介绍双方互不相识，有进一步交往的意向。

（一）做他人介绍的时机

遇到下列情况，有必要进行他人介绍：

(1) 与家人外出，路遇家人不相识的同事或朋友；

(2) 本人的接待对象或陪同上司、长者、来宾时，遇见了其不相识的人士，而对方又跟自己打了招呼；

(3) 在家中或办公地点，接待彼此不相识的客人或来访者；

(4) 打算推介某人加入某一方面的交际圈；

(5) 受到为他人作介绍的邀请；

(6) 陪同亲友前去拜访亲友不相识者。

(二) 介绍顺序

作为中间介绍人，介绍双方的顺序是有礼仪规范的，否则会导致双方心理上不愉快，甚至影响到进一步交往。介绍的顺序要遵循“尊者有优先知情权”原则。

介绍时，应先把男士介绍给女士；晚辈介绍给长辈；职位低的人介绍给职位高的人；主人介绍给客人，同是客人，主人先介绍晚到者给早来者；集体介绍时，先为对方介绍集体中职位最高的，再依次介绍职位低的人员或先介绍距离介绍人位置较近的，再依次介绍距离远的。

(三) 谁做介绍人

如果是家庭聚会，女主人是天然介绍人。正式场合，由秘书、公关人员或来访对象的对口人员作为中间介绍人。

(四) 介绍姿态

介绍人身体站直于被介绍人中间，掌心向上，四指并拢，大拇指微张，指向被介绍一方，同时眼神随手势转向被介绍一方，面带微笑。见图2—18。

图2—18 介绍他人姿态

(五) 介绍方式

分为社交式、公务式、简略式等。

(六) 被介绍者表现

应起立示意，目视对方，面带微笑，同时可握手或致意，边行礼边使用“您好”、“认识您很高兴”等礼貌用语。

学生拓展活动

1. 每人准备一份100字左右的自我介绍材料，面向全班同学，进行自我介绍。要求身体姿态大方、自然，声音洪亮，内容得体。

2. 学生分为三人一组，结合握手的动作，轮流练习同学间他人介绍。要求介绍人动作规范、大方，口齿清晰，内容准确；被介绍双方大方、友好，握手问候符合礼仪规范。

3. 情境练习：把五个情境分别写在五张纸条上，学生随机抽取，做介绍训练，角色互换。

情境一：你与长辈外出，路遇你的朋友，而长辈不相识。请你来为他们做介绍。

情境二：你陪同上司领导，遇见你的老同学，同学与自己打了招呼。请你为他们做介绍。

情境三：在聚会场合，你作为主办者，为男、女互不相识的来宾做介绍。

情境四：朋友到家拜访，请你为他（她）与你的姐姐（哥哥）之间做介绍。

情境五：参观团到访你的公司，你作为接待人员为参观团与本公司经理之间做介绍。(两组学生联合训练)

评价

加强训练。在学生练习情境的基础上，设置情境：家庭聚会，主人为长辈、客人为晚辈，如何介绍？办公室，职位低为女性，职位高为男性，如何介绍？要求学生迅速判断介绍顺序，并演示训练。

依据以上情境训练，小组练习，其他同学对演示组评价。见表 2—4。

表 2—4　　**评价项目**

	姿态	语言	态度	顺序
介绍人				(介绍)
被介绍人				(握手伸手)

每项分 3、2、1 分三个等级，3 分为优秀，2 分为一般，1 分为有瑕疵。24 分为满分，奖励一枚。

第九节　鞠躬礼

身体立直手放好，面带微笑弯下腰，目光朝下莫旁顾，诚挚谦恭敬语到。

情景链接

“鞠躬门”

综合日本共同社和日本新闻网等 2009 年 11 月 16 日报道，14 日首次访日的美国总统奥巴马和日本天皇、皇后会见时深深鞠躬。美国舆论指该动作滑稽可笑，即使会赢得日本人的好感，但也是一种外交失礼：身为美国总统，不该随便“行大礼”。

美国福克斯电视台比较了2007年时任副总统的切尼与日本天皇会面时的情形，当时切尼只和天皇握手并未鞠躬。节目讥讽奥巴马“或许是想以此讨好日本人”。一些网站则指责他向天皇“点头哈腰”。

另据著名政治网站“Politico”报道，美国政府高官对此事引发的舆论热议嗤之以鼻，认为鞠躬只是一般的外交礼节，“将这一问题政治化完全是找错了方向”。

另据香港明报网站16日消息，《洛杉矶邮报》昨日在网上贴出谈论奥巴马鞠躬的文章，吸引千余名读者发表评论，当中不乏精辟解释。

（资料来源：环球网。）

工作情境任务

学生分为旅客组与服务组。模拟迎接旅客登机情境，民航服务人员向旅客行鞠躬礼。

思考·讨论

1. 为何奥巴马的鞠躬引起媒体的极大关注和非议？你对奥巴马这样的鞠躬动作，有何看法？鞠躬代表着什么？

2. 作为旅客组，请对服务组的鞠躬动作评价，并讨论鞠躬应注意哪些动作规范和礼仪规范。

鞠躬即弯身行礼，是对别人尊重和敬佩的一种表达方式。用于航空服务人员对旅客、初次见面的朋友。鞠躬时应真诚对对方表示欢迎、感谢、尊重。

一、鞠躬的动作要求

（1）鞠躬时以髋关节为轴，上体前倾，头、颈、背成一条直线；

（2）双手放于身体两侧或叠放于体前；

（3）视线随身体前倾而自然向下移动，表示一种谦恭的态度；

（4）礼毕后双眼有礼貌地注视对方；

（5）鞠躬上身抬起的速度要比下弯时稍慢一些；

（6）鞠躬度数：

迎送旅客时的鞠躬度数为一度鞠躬15°，表示点头致意；

行还礼时的鞠躬度数为二度鞠躬30°，表示向旅客敬礼；

给旅客道歉时的鞠躬度数应视情节为三度鞠躬 45°或 90°，表示向旅客深度敬礼。

三种行礼方式适用于不同的情况，民航服务人员问候旅客最好用一度鞠躬，在问候长者或重要客人时用二度鞠躬，三度鞠躬多用于道歉等郑重的场合。

鞠躬实例见图 2—19。

图 2—19　鞠躬姿态

二、行鞠躬礼注意事项

行鞠躬礼时，要心诚，并注意以下几点：

（1）两脚并拢，不要分得过开；

（2）头正并且随着身体向下而自然向下，脖子不要伸得过长；

（3）戴帽时，应脱帽行鞠躬礼；用右手握住帽檐中央，将帽取下，左手自然下垂；

（4）嘴里不能吃东西、叼香烟；

（5）若迎面相遇，鞠躬后向右跨出一步让路。

三、受礼者表现

受礼者在还礼时，可以不鞠躬，欠身点头即可。对有宗教信仰的宾客，在行鞠躬礼的同时，还可用双手合掌致意。

学生拓展活动

1. 分组练习鞠躬分解动作：

一组学生练习，另一组学生“一对一”在练习同学身体一侧纠正。要求以髋关节为轴，身体前倾15°，头、颈、后背在一条直线上，避免颈部前伸、含胸、塌腰、撅臀的错误动作。

2. 一度鞠躬完整练习。

3. 分度数鞠躬动作练习。

4. 工作情境鞠躬动作练习：

（1）客舱迎客、机场迎宾情境，民航服务人员向旅客行鞠躬礼；

（2）旅客进行航班信息问询时，民航服务人员向旅客行鞠躬礼；

（3）因工作失误给旅客造成不便，民航服务人员向旅客行鞠躬礼。

要求：同学们在模拟训练时应根据场景选择好角度；还应注意目光、表情、言语、动作的协调运用。

评价

分为服务组和旅客组，轮流展示鞠躬迎客；由旅客组为服务组评价。见表2—5。

表2—5 **评价项目**

动作规范	度数准确	表情友好	语言亲切

每项分3、2、1分三个等级，3分为优秀，2分为一般，1分为有瑕疵。12分为满分，奖励一枚。

第十节 致意礼

致意微笑表问候，举手投足显涵养，四种方式区别开，距离远近各不同。

工作情境任务

你作为乘务服务人员，在客舱中巡视时，遇到你的一个老朋友，你如何与其打招呼？

思考·讨论

情境演示同学的打招呼动作符合礼仪规范吗？这种“打招呼”是什么礼？使用时

应该注意什么？

致意无论是对相识的人还是初次见面者，都是一种表达友好和礼貌最常用的礼节。

一、致意形式

（一）点头致意

点头致意在生活中经常使用。与相识的人在一个场合多次见面，与一面相交或不相识的人见面，均应微笑点头向对方致意，以示问候。施礼时目视对方，面带微笑。身体保持正直，头向前下方微低。

（二）欠身致意

欠身是一种表示致敬的举止，多用在被他人介绍，或是主人向客人奉茶时。一般是起立与欠身并用。

（三）举手致意

举手致意适合向距离较远的熟人打招呼，但在公共场合，千万不要大喊大叫。行礼时，面带微笑，目视对方，右臂向前上方伸出，掌心向着对方，四指并拢，拇指微张，轻轻左右挥动2～3次。见图2—20。

（四）注目致意

注目致意主要用于升国旗仪式、剪彩仪式、庆典仪式等活动中，用目光注视以示尊重。

图2—20　举手致意

二、致意礼规

（1）致意要讲究先后顺序：位低者先向位高者致意。具体是指年轻者先向年长者致意、学生先向老师致意、男士先向女士致意。

（2）向他人致意时，往往两种形式并用：点头与微笑并用、起立与欠身并用。

（3）致意时应大方、文雅，一般不要在致意的同时大声喊叫，以免妨碍他人。

（4）受礼者要注意回敬致意，礼尚往来。

学生拓展活动

1. 原地练习点头致意动作。要求：头动身体不动，面带微笑，加以问候语。
2. 练习举手致意单个动作。要求：手臂动作正确。
3. 结合学校升旗仪式，训练注目致意。

4. 结合递接茶杯，练习欠身致意。要求起立欠身动作连贯、自然。

5. 学生分为两组，结合行走步态，根据不同的路线，距离稍近时，采用点头致意，并问候；距离较远时，采用举手致意。

评价

模拟情境练习：在服务工作地点，如客舱，二人相遇，点头示意，侧身而过。两人一组互相评价致意情况。分 1、2、3 分三个等级，3 分为优秀，奖励一枚。

第十一节　面部表情

在服务过程中，服务人员的面部表情非常重要。保持良好的面部表情是民航服务人员开展服务工作的基本职责，是民航服务人员维护企业形象的内在要求，是民航服务人员爱岗敬业、旅客至上的职业价值理念的具体表现，是民航服务人员自信、文明、有涵养的内在特质在工作中的外显和个性形象的最佳体现途径。

案例

十二次微笑

丽莎是一名空姐，这次的飞行是从洛杉矶到北京。飞机起飞前，一位乘客请求丽莎给他倒一杯水吃药。丽莎很有礼貌地说：“先生，为了您的安全，请稍等片刻，等飞机进入平稳飞行后，我会立刻把水给您送过来，好吗?”

15 分钟后，飞机早已进入平稳飞行状态。突然，乘客服务铃急促地响了起来，丽莎猛然意识到：糟了，由于太忙，忘记给那位乘客倒水了！当她来到客舱，看见按响服务铃的果然是刚才那位乘客。她小心翼翼地把水送到那位乘客跟前，面带微笑地说：“先生，实在对不起，由于我的疏忽，耽误了您吃药的时间，我感到非常抱歉。”这位乘客抬起左手，指着手表说道：“怎么回事，你看看，都过了多久了?”

在接下来的飞行旅途中，丽莎为了弥补自己的过失，每次去客舱服务时，她都会特意走到这位乘客旁边，面带微笑地询问他是否需要水，或者别的什么帮助。然而，那位乘客总是摆出一副不合作的样子，并不理会她。临到目的地时，那位乘客要求丽莎把留言本给他送过去，显然，他要投诉她。此时，丽莎心里虽然很委屈，但是仍然非常有礼貌，并且面带微笑地说：“先生，请允许我再次向您表示真诚的歉意，无论您提出什么意见，我都将欣然接受您的批评!”那位乘客脸色一紧，想说什么，却没有开口，他接过留言本，开始在本子上写起来。

飞机安全降落，乘客也陆续离开，丽莎心想，这下完了，又要挨训了。可出乎她意料的是，她发现那位乘客在本子上写下的并不是投诉，相反，是一封热情洋溢的表扬信。

在信中，丽莎读到这样一句话：“在整个过程中，你所表现出来的真诚的歉意，特别是你的十二次微笑，深深地打动了我，使我最终决定将投诉信写成表扬信。我相信，从你身上可以看到你们航空公司的服务质量，下次如果有机会，我还将乘坐你们公司的航班！”

思考·讨论

从以上案例，你认为在民航服务中，表情对服务质量有什么影响和作用？

表情是心境的晴雨表。然而作为服务人员，服务时始终要面带微笑，表情自然、礼貌、诚恳、友好。为了更好地提高服务质量，我们有必要通过表情来分析旅客心理，即察言观色。

构成表情的主要因素是眼神和微笑。眉毛和嘴也能传递信息。

一、眼神

眼神一向被认为是人类最明确的情感表现和交际信号，在面部表情中占据主导地位。眼神能够表达出千变万化的含义，具有传情达意的微妙作用。

（一）注视的时间

在与人交谈过程中，与对方目光接触的时间超过全部谈话时间的1/3时，被认为很吸引人或怀有敌意；不到全部谈话时间的1/3时，被认为不被重视、不被信任；当目光接触的时间占全部谈话时间的1/3～2/3时，容易建立良好默契。

以上是一般情况，还要注意考虑由于文化背景的不同。比如，日本人认为直视对方的脸是失礼的，他们习惯看对方的脖子；南美洲印第安人在交谈时，务必东张西望，当面对三个以上的听众讲话，必须背对听众，目视远方侃侃而谈。

与旅客交流时，要注视对方的眼睛，表示自己对旅客的全神贯注，认真聆听。问候旅客、听取诉说、征求意见、强调要点、表示诚意、向旅客道贺或与旅客道别，都应注视旅客的双眼，但是时间不宜过久，否则双方会较为难堪。

（二）注视的位置

根据场合的不同，注视的位置也不同，一般分为公务凝视、社交凝视、亲密凝视。见图2—21。

(1) 公务凝视：注视位置稍高，位于两眼至眉之间，适用于洽谈、磋商、谈判等正式场合。这种注视方式给人一种严肃认真的感觉。

(2) 社交凝视：各种社交场合使用的注视方式，注视的位置在对方唇心到双眼之间的三角区域，当你的目光看着对方脸部这个区域时，会营造出一种社交气氛，让人感到轻松自然。这种凝视主要用于茶话会、舞会及各种类型的友谊聚会。

(3) 亲密凝视：是亲人之间、恋人之间、家庭成员之间使用的注视方式。凝视的位置在对方双眼到胸之间。

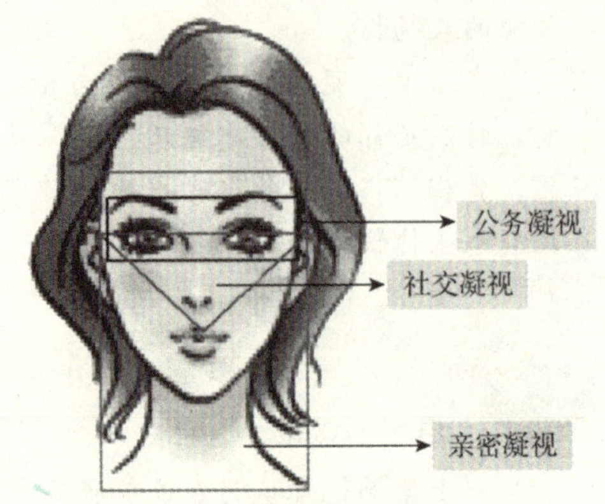

图 2—21　凝视区域

民航服务人员与旅客交流时，应选择社交凝视，便于轻松自然地交流。目光最好采用散点柔视为宜，不宜聚焦于对方面部或身体的某一点，这是不礼貌的行为。

(二) 注视的方式

注视的方式有很多种类，比如直视、凝视、扫视、环视等，根据注视的角度还分为平视、俯视和仰视。民航服务人员在与旅客交流时，要直视旅客，表示对对方的重视，不要斜视、扫视、窥视，让旅客产生被瞧不起而受辱的感觉。注视的角度要平视，以示双方地位的平等与本人不卑不亢的态度。不允许上上下下反复打量旅客，这种扫视旅客的做法，会使旅客感到被侮辱、被挑衅。

二、微笑

(一) 微笑服务的作用

在工作中，微笑是有效沟通的法宝，是人际关系的磁石。没有亲和力的微笑，无疑是重大的遗憾，甚至会给工作带来不便。微笑服务，是一个人内心真诚的外露，它具有难以估量的社会价值，正如一位哲人所说："微笑，它不花费什么，但却创造了许多成果。它丰富了那些接受的人，而又不使给予的人变得贫瘠。它在一刹那间产生，却给人留下永恒的记忆。"

在服务岗位以微笑示人，可以创造出一种和谐、融洽的服务氛围，可以感染旅客，使其顿感愉快和亲切。民航服务人员真诚的微笑可以调节情绪、消除隔阂，给旅客留下美好的心理感受，反映民航服务人员个人高超的修养以及航空公司的良好形象。

三、眉毛

眉毛同样能传递信息，虽然不如眼睛表达丰富，但也能表露人的真情实感。眉毛不同的动作和状态，代表了不同的信息。眉头皱起表示困窘、不赞成、不愉快；眉头耸起表示恐惧、惊讶、欣喜；眉毛竖起表示气恼、愤怒；眉稍微挑表示询问。

四、嘴

嘴传情达意的作用仅次于眼睛，在谈话时，嘴上下唇应自然开合，不要努嘴和撇嘴。安静时，嘴可微闭，保持微笑状。不同的嘴部动作，也会表达不同的含义。突然张开嘴表示惊讶、恐惧；抿嘴表示努力、坚持；撅嘴表示生气、不满；撇嘴表示鄙夷、轻视。

案例

微笑中的工作

小王、小张和小李是三位卖报纸的年轻人。他们地处不同的街道，并且都有自己独特的营销策略，但是，只有小李的报纸卖得最好。奇怪的是，小李并不处在最好的地段。

小王站在人流聚集地，可以说是地处黄金地段。但他总是愁眉苦脸地站在那里，当乘车招手索要报纸时，他懒洋洋地递上去，并露出一副招牌式的苦瓜脸。每逢刮风下雨，都很难寻觅到他的身影。

小张没有固定的卖报场所，总是在马路上到处穿梭，哪儿人多往哪儿跑，哪儿要报就去哪儿。他顾不上显示任何表情，看似很繁忙，但销量却不尽如人意。

小李总是固定地站在一个地方，双腿略微分开，以保持站姿。为了让客人看到报纸的大标题，他把报纸放在胸前保持微笑，并且使用“早上好”愉悦地向身边的人问好。当有人购买报纸时，他会露出灿烂的笑容，当别人转身离去时，他会大喊：“谢谢你，祝你天天快乐！”他的报纸销量是最高的。

小李并没有优越的地理位置，也没有繁忙的奔跑，他只是靠自己的微笑赢得了顾客，成为销量最高的一位。在社交场合，微笑是一个人最基本的礼仪，是一种无声的语言，也是一种最美丽的语言。

（二）正确微笑的注意事项

（1）注意面部整体配合。

一个人在微笑时，应目光柔和，眼含笑意，双眼略为睁大，眉头自然舒展，眉毛微微向上扬起，避免耸动鼻子与耳朵，宜将下巴向内自然地稍许含起。

（2）把握微笑的时机。

在与对方交谈中，最好的微笑时机是在与对方目光接触的瞬间展现微笑，这样能够促进心灵的友好互动。

(3) 把握微笑的层次变化。

微笑有很多层次，有浅浅一笑，眼中含笑，也有哈哈大笑。在整个交谈过程中，微笑要有收有放，在不同时候使用不同的笑，如果一直保持同一层次的笑，表情会显得僵硬、呆板，被对方认为是傻笑。

(4) 注意微笑维持的长度。

微笑的最佳时间长度以不超过 3 秒钟为宜，时间过长会给人假笑或不礼貌的感觉，过短则会给人皮笑肉不笑的感觉。

微笑的表情更有讲究，不同的场合适合不同深度的微笑。不同的笑也可以显示不同的思想态度和感情色彩，产生不同的影响。在与别人交谈中，放声大笑或傻笑，都是非常失礼的。工作中把握好微笑的尺度，更能显示自己的内在修养。

学生拓展活动

可以通过训练有意识地改变自己：

1. 调整心理：

调动感情，发挥想象力，或回忆美好的过去或展望美好的未来，使微笑源自内心，有感而发。并从内心喜欢自己的工作，热爱旅客。

2. 放松面部肌肉，练习发音“E”或者“C”，使嘴角微微向上翘起，让嘴唇略呈弧形。最后，在不牵动鼻子、不发出笑声的情况下呈现微笑。

3. “咬筷子”练习：

咬筷子是为了在微笑时恰到好处地露出 6～8 颗牙齿，并没有硬性的规定。一般来说，都是着力点在门牙两旁第 2 位的犬齿，但也要因人而异。咬筷子的同时要调整嘴型。嘴角上扬 15°左右。

4. 对着镜子练习：

使眉、眼、面部肌肉、口形在笑时和谐统一。取厚纸一张，遮住眼睛下边部位，对着镜子，回忆过去的美好生活，使笑肌抬升收缩，嘴巴两端做出微笑的口型，随后放松面部肌肉，眼睛随之恢复原形。

5. 当众练习法：

按照要求当众练习，使微笑规范、自然、大方，克服羞涩和胆怯的心理。也可以请观众评议后再对不足进行纠正。

6. 结合问候、鞠躬同步练习。要求注意身体、语言的协调运用。

评价

两人一组，用面部表情来表现亲切、温暖、友好、和善，互相评价。完美为 3 分，不明显为 1 分。3 分奖励☆一枚。

本章共 10 枚，得到 8 枚以上者，单元成绩为优秀，5～7 枚为良好，2～4 枚为及格，1 枚及以下为没通过。

工作情境任务

创新展示：每个班级分为两个大组，把本章节掌握的 11 个模块的内容，编排为一套礼仪表演的动作。要求：

1. 礼仪动作规范，设计情境突出民航专业特点；
2. 时间为 3～4 分钟；
3. 配乐：音乐节奏明快、健康向上；
4. 服装着制服、皮鞋；
5. 在全校进行民航服务礼仪汇报表演。

思考·讨论

经过本章节服务仪态的训练，你有什么收获？有什么感受？记录下来吧！

____

____

____

播下行为的种子，你会收获习惯；
播下习惯的种子，你会收获性格；
播下性格的种子，你会收获命运。

第三章 民航服务人员仪容仪表礼仪

学习目标

1. 了解有关仪容、仪表的礼仪规范要点；
2. 掌握民航服务人员上岗时的仪容仪表规范要求；
3. 逐渐养成服务规范意识，并按礼仪规范约束自身行为。

夫君子之行，静以修身，俭以养德，非淡泊无以明志，非宁静无以致远。

——诸葛亮

一个人的仪容仪表往往与其生活情调、思想修养、道德品质和文化程度密切相关，在人际交往中是一个不容忽视的交际因素，会引起交往对象的特别关注，并将影响到对方对自己的整体印象。良好的仪容仪表会让人产生良好的第一印象，第一印象决定永远印象。

案例

某报社记者吴先生经过连续几日的辛苦采访，终于圆满完成任务，与两位同事打算打道回府。来到机场，时间还早，他们准备先用餐，便来到某餐厅，接待他们的是一位五官清秀的服务员，接待服务工作做得很好，可是面无血色显得无精打采。吴先生一看到她就觉得没了刚才的好心情，仔细留意才发现，原来这位服务员没有化工作淡妆，在餐厅灯光的照耀下显得病态十足，影响了客人的好心情。开始上菜时，吴先生突然看到服务员涂的指甲油缺了一块，第一个反应就是“该不会掉入我的菜里了吧”。为了不惊扰其他客人用餐，吴先生没有将他的怀疑说出来，但这顿饭吃得心里挺不舒服。最后，唤柜台内服务员结账时，服务员一直对着反光玻璃墙面修饰自己的妆容，丝毫没注意到客人的需要。整个用餐过程使吴先生对该餐厅的服务十分不满。

思考·讨论

服务员不注重自己的仪容仪表或过于注重自己的仪容仪表都会影响服务质量。那么，仪容仪表指的是什么？服务人员应该有什么样的仪容仪表才符合上岗的要求？

仪容指一个人的容貌，它是由发型、容貌以及体型等内容构成的。其中的重点指人的容貌。仪表指人的外表，包括人的容貌、姿态、风度、服饰和个人卫生等方面，它是人的精神面貌的外在体现。

仪容仪表是一种无声的语言，在一定意义上，能反映出一个人的修养、性格和特征，整洁、大方的仪容仪表可以给自己带来自信，给他人带来自信，为自己的社交形象增色。民航服务人员的仪容仪表不仅是个人形象问题，更反映了企业的文化与管理水平，影响到一个国家、民族的道德水准、文明程度、精神面貌和生活水平。

注重仪容仪表，是反映民航服务人员最基本素质的需要；是满足旅客的心理、感官的需要；是反映民航各部门管理、服务水平的需要；也是反映国家、民族的道德水准的需要；体现自己良好的精神面貌和对生活乐观、积极的态度。

第一节　民航服务人员仪容礼仪

俗话说，“七分长相，三分打扮”。对一个人来说，美丽的容貌是上天的恩赐，是先天条件，但如果不懂得修饰维护，仪容不整洁，纵使国色天香，也会黯然失色。个人修饰维护见图 3—1。

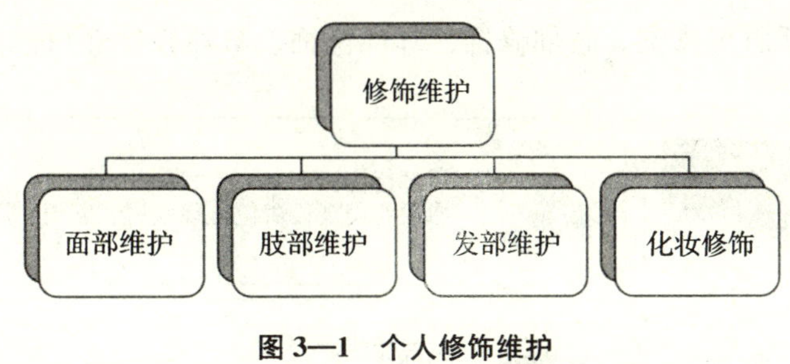

图 3—1　个人修饰维护

一、面部维护

（一）面部维护的要求

（1）形象端正：

在生活、工作中应该注意调整情绪，保持乐观的心态，养成良好的表情习惯，避免不良的面部表情，使容貌端庄秀丽，赏心悦目。

（2）注意修饰：

修饰时的原则应强调自己的面容以及身体优势，尽量弱化劣势部位，即扬长避短。

（二）修饰规范

1. 洁净

服务行业对面部洁净的标准是无灰尘、无泥垢、无汗渍、无分泌物、无其他一切不洁之物。要做到这些，洗脸很关键。正确的洗脸步骤如下：湿面后，把洗面奶倒在掌心，揉出泡沫后，用指腹沿嘴角向眼角方向按摩，额头沿眉心向太阳穴，由下往上、由内往外轻揉，鼻梁则由上往下轻揉，然后用水冲洗干净。

2. 卫生

对面部在特定时期长的痘痘，要调整好心态，千万不要太过于着急，甚至影响工作中。平常之事，平常之心。

3. 自然

修饰时要讲究角色定位。服务人员不宜打扮过于前卫、浓烈，自然、清爽为宜。

小提示

如何保养皮肤？

1. 体内补水：饮水量为每日6～8杯；
2. 调节情绪；
3. 充足的睡眠：每天要保证6～8小时的睡眠时间；
4. 注意饮食调养；
5. 按摩面部皮肤；
6. 使用润肤剂；
7. 选择合适的护肤品；
8. 注意皮肤护理：面部清洁，注意防晒。

（三）局部修饰

局部修饰包括眉部修饰、眼部修饰、耳部修饰、鼻部修饰和口部修饰，具体见图3—2。

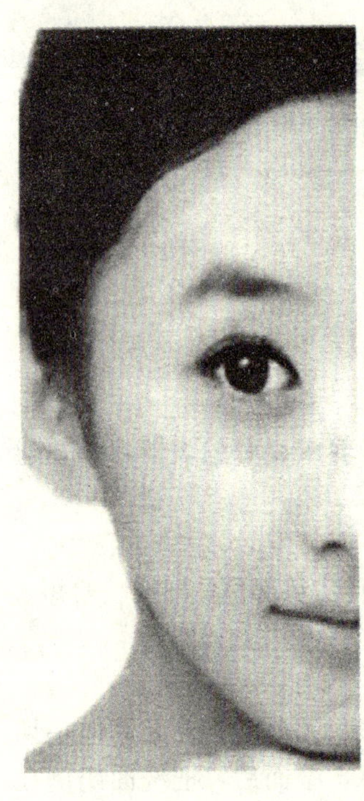
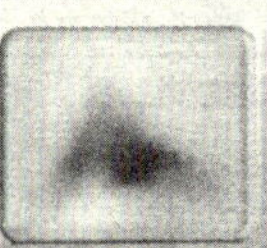

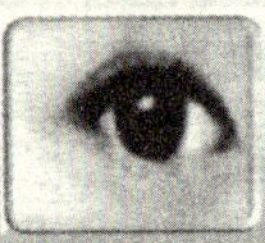

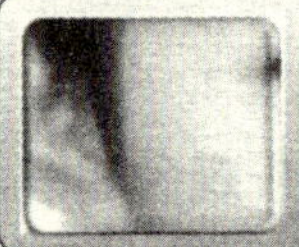

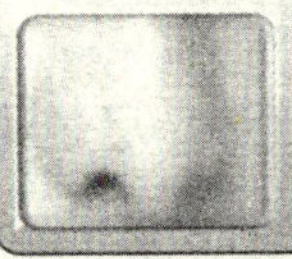

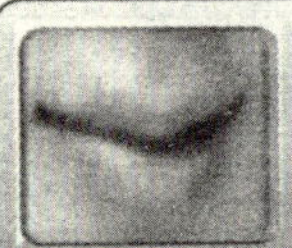

图3—2 局部修饰

二、肢部修饰

（一）手及手臂的修饰

手及手臂，是“人际交往知识的第二枚名片”。

1. 保养

手臂要保持清洁和保养，忌粗糙、皲裂、红肿，甚至生疮、长癣；忌对其主动、被动造成伤害，出现创伤，留下伤痕，这样有可能会直接影响服务质量。

2. 保洁

服务人员讲究双手六洗，即在六个时间段要洗手：上岗之前、手脏之后、接触入口之物前、规定洗手时、上过卫生间、下班前。

3. 妆饰

作为服务人员不要蓄长指甲、不要涂化艳妆、不要腋毛外露。

（二）腿、脚部修饰

俗话说，“远看头，近看脚”，脚部清洁体现一个人的生活细节与品位。

1. 清洁

每天要洗脚。为了避免异味，最好定期刷洗鞋，并且隔天换鞋。

2. 遮掩

在工作场合，不要光腿、光脚、露趾、露跟。

3. 美化

腿毛过长要定期修剪，以免影响美观；脚趾甲要注意修剪，忌化彩妆。

小提示

民航服务人员上岗要求

1. 手和指甲

民航服务人员经常要用手为旅客服务，因此，对其双手和指甲的基本要求是保持清洁、卫生，要经常修剪指甲，保持指甲的清洁和美观，不得留长指甲。一般情况下，指甲的长度以从身心看不长过指尖 2mm 为宜，防止过长而断裂、藏垢。女员工指甲油的颜色要与化妆、制服颜色协调，不得涂色彩鲜艳的指甲油（透明或与肤色相近的肉色除外）。要经常洗手，洗手后用护手霜，保护双手皮肤的润滑和美观。

2. 胡须

男员工每日上岗前应保持面部清洁并剃须，不得留任何形式的胡须。

三、发部修饰

松下幸之助

日本的著名企业家松下幸之助从前不修边幅，也不注重企业形象，企业因此发展缓慢。一天，理发时，理发师不客气地批评他不注重仪表，说："你是公司的代表，却这样不注重衣冠，别人会怎么想，连人都这样邋遢，他的公司会好吗?"从此，松下幸之助一改过去的习惯，开始注意自己在公众面前的仪表仪态，生意也随之兴旺起来。现在，松下电器的产品享誉天下，与松下幸之助长期率先垂范，要求员工懂礼貌、讲礼节是分不开的。

思考·讨论

你能想象一下理发师批评松下幸之助时，他的发型是什么样子吗？松下幸之助接受理发师的建议后，发型改变成什么样了？服务人员应保持什么发型？

（一）整洁

一般来说，头发发型优雅放在其次，最重要的是清洁干净，做到无头皮屑、无异味，有光泽。正常情况下，2～3 天洗一次头发，油性头发最好每天清洗一次。要做到定期修剪，男士基本上半个月修剪一次。梳理头发应在洗手间内进行。

（二）慎选发型

选择发型要综合平衡多种因素，悉心考虑发型与年龄、性别、宗教、脸形、身材、发质、服饰、时尚以及职业、身份等相协调，其中职业、身份要优先考虑。

1. 发型与脸形相协调

发型应与脸形相协调，具体见图 3—3。

2. 发型与身材相协调

（1）短小身材者可以利用盘发增加高度；

（2）高瘦身材者比较适合留长发型；

（3）矮胖身体者可以修剪成有层次的短发；

（4）高大身材者切忌发型花样繁复。

3. 发型要与发质相协调

头发细软的，不宜留过长的直发，可选择中长发或俏丽的短发，还可以把头发烫卷，产生蓬松感。发质较硬的人不宜选择太短的发型，宜采用不到肩的短发或肩以下的长发型。

4. 发型要与服饰相协调

女士在比较庄重的场合，穿礼服时，可将头发挽在颈后，显得端庄、高雅。

与连衣裙相配：如果穿 V 字领连衣裙，就可将头发盘起，如果穿外露较多的连衣裙，可选择披肩发或束发；穿西装时，西装给人以端庄、整洁的感觉，发型也要梳得端庄、大方，不要过于蓬松。

圆形脸
脸形特征：额头、脸颊、下巴呈圆弧形、颧骨不明显
修饰建议：
头发较长可以修剪成偏分而有层次的发帘。头发较短不妨将发帘修剪得非常短，让宽度略窄，或是剪出倾斜或向上弯曲的弧度。不太适合修剪成压在眉上的整齐刘海。

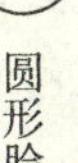

长形脸
脸形特征：长度比标准的三等分要略长，颧骨长且宽。
修饰建议：
可以修剪成从头顶最高点开始一直到眉毛的大面积凌乱刘海；
如果留长发，要让刘海部分尽量宽一些，并且长度要能盖住眉毛。

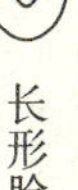

长形脸
脸形特征：脸部线条较刚硬，脸颊俩侧腮骨突出，下巴方平。
修饰建议：
自然弯曲的发梢时修饰方形轮廓的最好办法：使刘海长而碎，宽度变窄，两侧的头发向内收拢，使整个脸型看起来变窄；最好不要修剪成齐刘海，显得刻板。

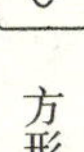

倒三角形脸
脸形特征：上宽下窄，额头宽而平坦。
修饰建议：
刘海也尽量剪短，并做出参差不齐的效果，露出虚掩着的额头；
短而斜分的刘海适合额头比较宽的倒三角形脸。

图 3—3　发型与脸形相协调

小提示

民航服务人员上岗发型要求

1. 长短适当

对男员工要求：前发不覆额、侧发不掩耳、后发不触衣领；对女员工要求：头发长度不得短于 2 寸，前不遮眉和面部，后不超过衬衣领子底线，不允许随意将其披散开。男女均不允许剃光头。

2. 梳理整齐

任何发型都应梳理整齐，使用发胶、摩丝定型，不得有蓬乱的感觉。

3. 发型风格

短发不得采用爆炸式、翻翘式、超短式造型，头发可卷可直，但发型不宜奇特。长发禁止螺旋式、马尾辫式或留鬓角，长头盘起的高度应适中，不可过高，也不可过低；刘海可卷可直，但必须保持在眉毛上方。

4. 发色、发饰

头发必须保持黑色，染发时只允许染成自然的黑色，发饰只限公司配发的式样，可使用无饰物的黑色发卡固定头发，但不得使用发箍和彩色发卡。禁止用假发套。

四、化妆修饰

案例

化妆百象

小英是美容美发学校的学生，初学化妆非常感兴趣，走在大街上，总爱观察别人的妆容，因此发现了一道道奇特的风景线：一位中年妇女没有做其他化妆，光涂了一个嘴唇，而且是那种很红很艳的唇膏颜色，只突出了一张嘴。一位女士的妆容真的很漂亮，只可惜脸上精彩纷呈，脖子却粗糙、马虎，在脸庞轮廓上有明显的分界线，像戴了一个面具。再看，还有的女士用粗的黑色眼线将眼睛轮廓包围起来，像个大括号，看上去那么生硬；一位很漂亮的女士，身穿蓝色衣服，却涂了橘红色的唇膏……

思考·讨论

什么样的妆容才算完美？作为民航服务人员，化妆的标准是什么？

化妆是生活中的一门艺术，适度而得体的化妆，可以体现女士端庄、美丽、温柔、大方的独特气质。化妆可以表现出民航服务人员的自尊自爱、爱岗敬业、训练有素。然而，作为学生，不化妆更符合身份。

（一）化妆的基本原则

（1）化妆要视时间场合而定。

在工作时间、工作场合只允许化工作妆（淡妆）。浓妆只有晚上才可以用。外出旅游或参加运动时，不要化浓妆，否则在自然光下会显得不自然。吊唁、丧礼场合不可化浓妆，也不宜抹口红。

（2）掌握合适的化妆、补妆时间。

不要在他人面前化妆。在正式场合，以残妆示人，既有损形象，也显得不礼貌。为了避免妆容残缺，化妆后要经常进行检查，特别是在出汗、用餐、休息后，要及时检查妆容。如果发现妆面残缺，要马上补妆。补妆的时候，要回避别人，在没有人的角落或洗手间进行。

（3）不要借用他人的化妆品。这样不仅不卫生，也不礼貌。

（二）化妆的常规步骤

化妆的常规步骤包括：洁面、护肤、打粉底、画眉、画眼、涂腮红和涂口红，具体见图 3—4。

图 3—4　化妆的常规步骤

1. 洁面

用有效的清洁用品彻底清洁皮肤。

2. 护肤

涂抹能改善并保护皮肤的护肤品，包括紧肤水或爽肤水、面霜、眼霜。

3. 打粉底

（1）粉底的选择。

可以根据肤质和想表现的感觉来选择粉底，如果想呈现立体效果，显示明暗差异，应使用几种颜色的粉底。如干燥肌肤适用于液体粉底，油性肌肤较为适合粉状粉底，舞台妆适合用膏状粉底。皮肤颜色较黄，可以用紫色粉底来弥补；偏红一些的脸色，可以用绿色粉底来弥补；血色差一些的，可以选用橘黄和粉红色的粉底。

图 3—5　打粉底的顺序

（2）打粉底的方法：

要根据肌肉的轮廓来涂粉底。涂的顺序是脸颊—嘴唇周围—鼻子周围—额头—眼部周围—脖子。见图3—5。脸颊是最要强调的部分。为了突出层次，在额头高的部分可以打上明亮的粉底：在鼻侧、脸颊侧部可以使用比主粉底暗 1～2 个色的颜色打阴影。最后涂上粉，做定妆用，可以保持得时间长一些。

4. 画眉

（1）眉毛的画法：

画眉是最容易让人变身的，要画好眉毛，必须先了解眉毛的位置。见图 3—6。

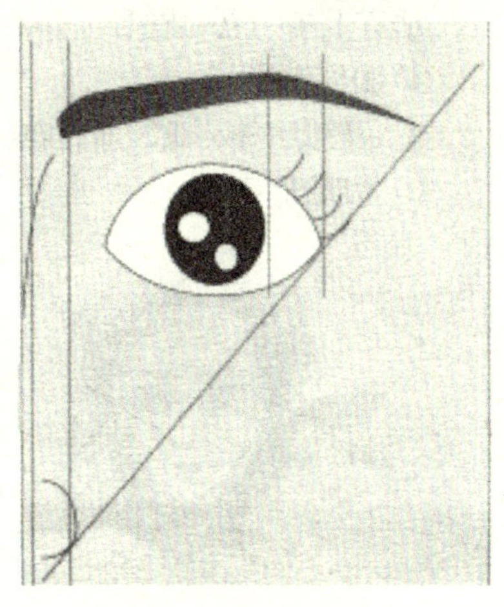

图 3—6　眉毛的位置

眉头——小鼻的延长线上。

眉山——黑瞳的外侧和眼尾的延长线上。

眉尾——小鼻和眼尾的延长线上。

眉画得太浓容易给人男人的感觉，所以要打层次使其具有女人味。眉山部分可以浓一点，眉头和眉尾淡一点。先用咖啡的眼影打出眉形，在眉山处重一点，再用眉笔仔细地一根一根画眉毛，两边淡一点。见图 3—7。

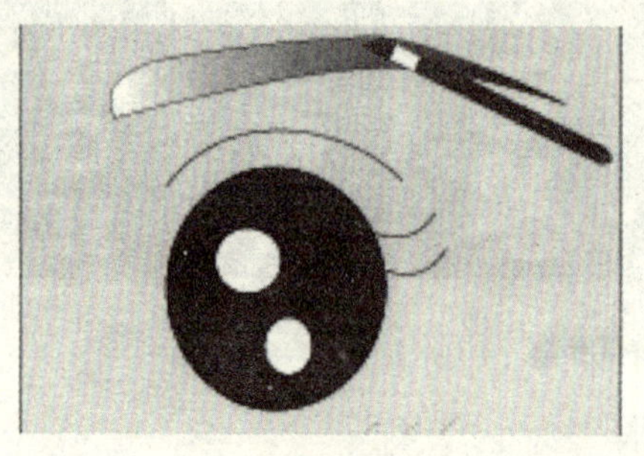

(a)

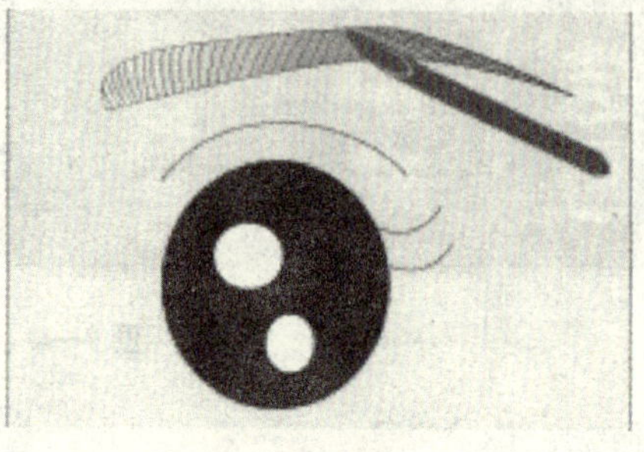

(b)

图 3—7　眉毛的画法

(2) 脸形与眉形相搭配：

1) 由字脸形：

给人感觉富态，适宜柔和一点的眉毛，平缓一些。见图 3—8。

2) 申字脸形：

给人感觉机敏，眉毛应平，眉形尽量放长，细一些。见图 3—9。

图 3—8　由字脸形

图 3—9　申字脸形

3) 甲字脸形：

适宜上扬一点的眉毛，眉峰在眉毛的 2/3 处以外一些。见图 3—10。

4) 国字脸形：

给人感觉一板一眼，适宜粗一点的一字眉毛。见图 3—11。

5) 方脸形：

图 3—10　甲字脸形

图 3—11　国字脸形

给人感觉正直，与圆脸形基本相同。见图 3—12。

6）圆脸形：

给人感觉圆润、亲切可爱，适合上扬眉，眉头眉尾不在一条水平线上，眉尾高于眉头。见图 3—13。

图 3—12　方脸形

图 3—13　圆脸形

7）标准脸形：

这种脸形称鹅蛋形，搭配标准眉形，眉头与内眼角垂直，眉头眉尾在一条水平线上，眉峰在眉毛的 2/3 处。见图 3—14。

图 3—14　标准脸形

5. 画眼：

画眼的顺序是眼影—眼线—鼻翼—睫毛。

(1) 眼影的画法。

首先使用白色系眼影作为底色打底，然后在上面涂上自己喜欢的颜色。打上白色或亮色可以使后面使用的颜色容易发色，看上去比较漂亮。见图 3—15。

1）自然的感觉：使用一种颜色比较好。单眼皮的人使用明亮的颜色容易让人觉得眼睛比较肿，建议使用咖啡色等暗色。见图 3—16。

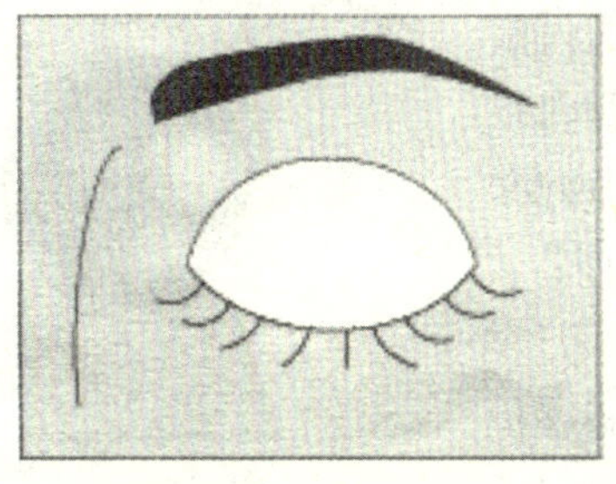

图 3—15　眼影的画法

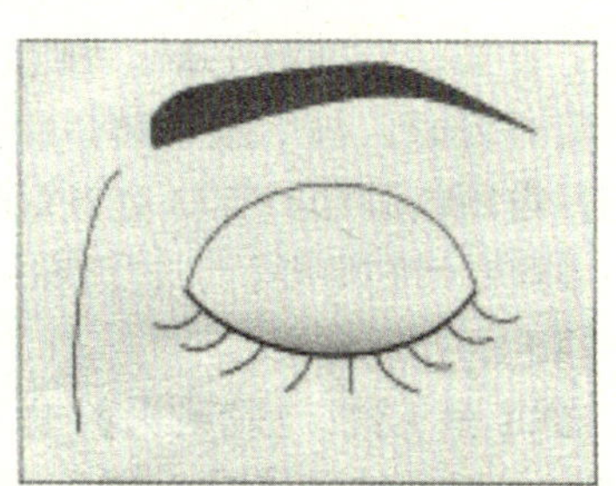

图 3—16　自然的感觉

2）清楚的感觉：在眼眶部位有层次地涂抹，使用蓝色系或咖啡色系。见图 3—17。

3）温柔的感觉：中间涂最深的颜色向两边淡开。见图 3—18。

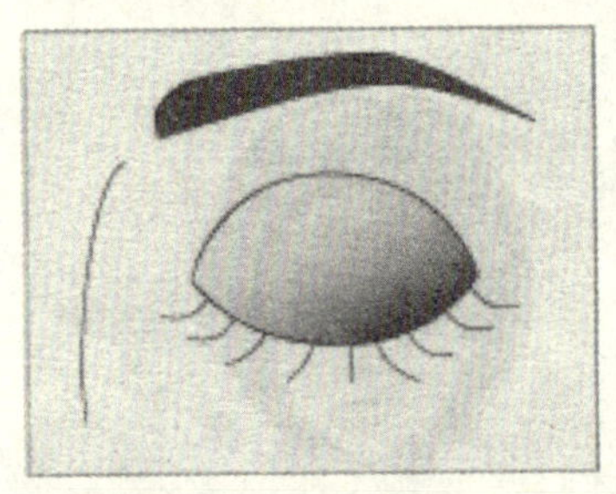

图 3—17 清楚的感觉

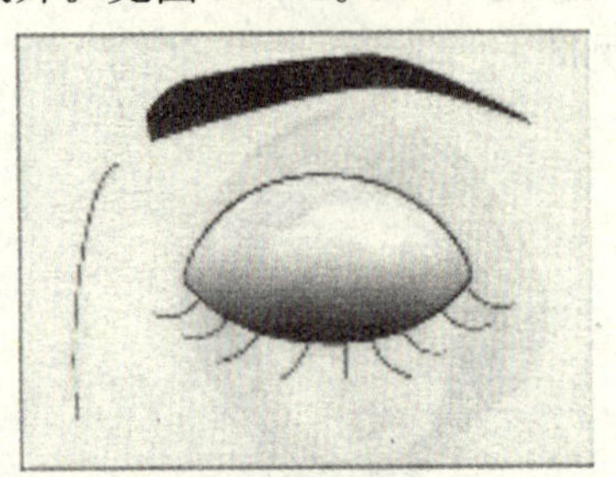

图 3—18 温柔的感觉

（2）眼线的画法。

把镜子斜放在自己的前方，脸朝前，眼睛斜看镜子，这样可以比较清楚地看到画眼线的地方。睫毛生长的地方之间就是描眼线的部位。见图 3—19。

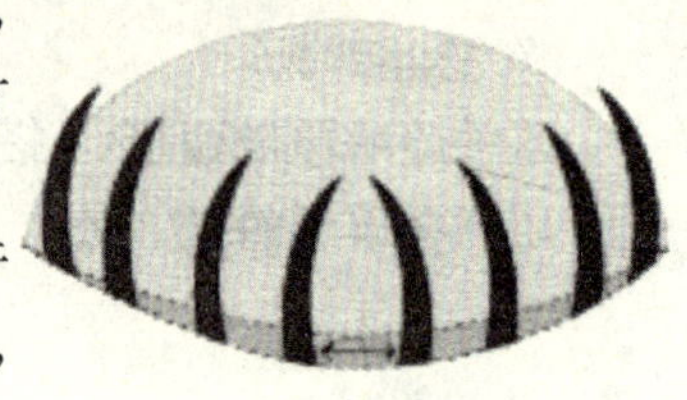

图 3—19 眼线的画法

一般眼线工具有两大类，分眼线笔和液体眼线。由于眼线笔有油分，单眼皮和内双眼皮者使用起来要特别小心，不要一下子描得很黑很重 。

不同的眼线画法，展现不同的特点。见图 3—20。

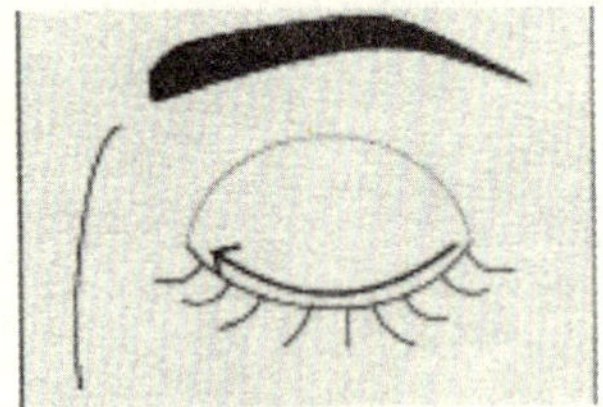

（a）自然型

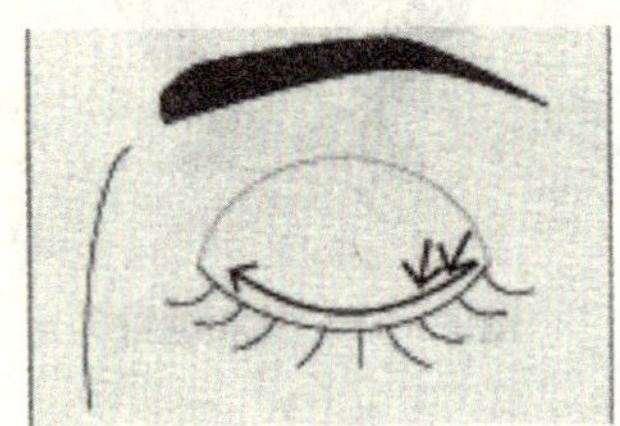

（b）使眼睛看起往上抬

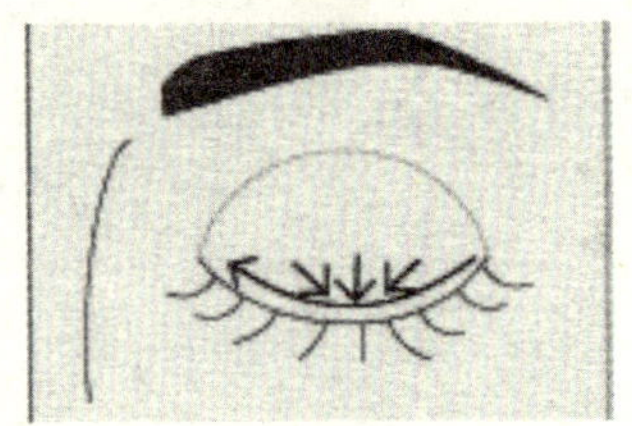

（c）使眼睛看起来比较大

图 3—20 不同眼线的画法

眼睛小的，画眼线可以明显一些；圆形眼睛，可以从眼睛中间处开始往外画，使圆形变得更像杏形；眼尾下垂的，可以画得稍高；眼尾斜吊的，画时可在尾部微微往下描些。眼睛过大或“金鱼眼”，最好别画眼线，即使画，也一定要贴着眼睫毛根。画上眼线时，要从内眼角朝外眼角方向画。画下眼线时，应该从外眼角朝内眼角画，并且在距内眼角约 1/3 处收笔。对眼睛较小的女性来说，眼线是特别重要的，它很容易就能把眼睛加大。

（3）睫毛的处理方法。

1）卷睫毛的方法。睫毛夹的上部对准眼皮部往上抬眼。见图 3—21，效果见图 3—22。

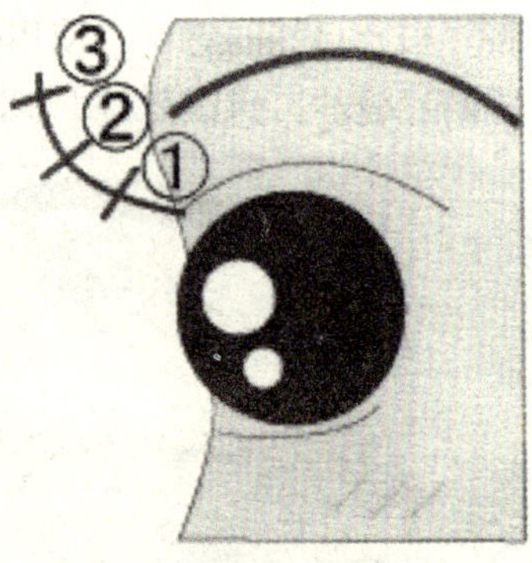

图 3—21 卷睫毛的顺序

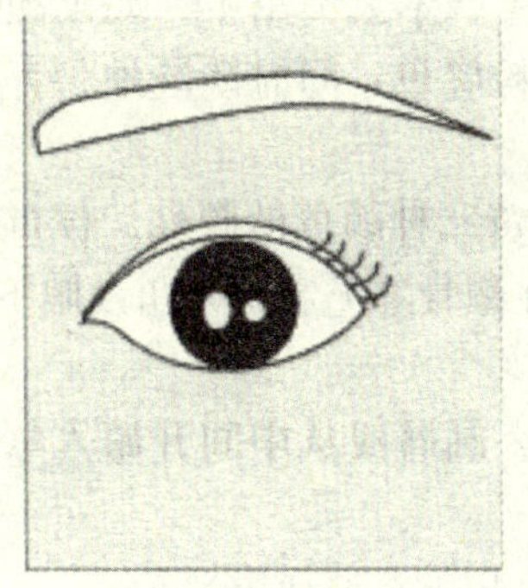

(a) 眼睛看起来上翘

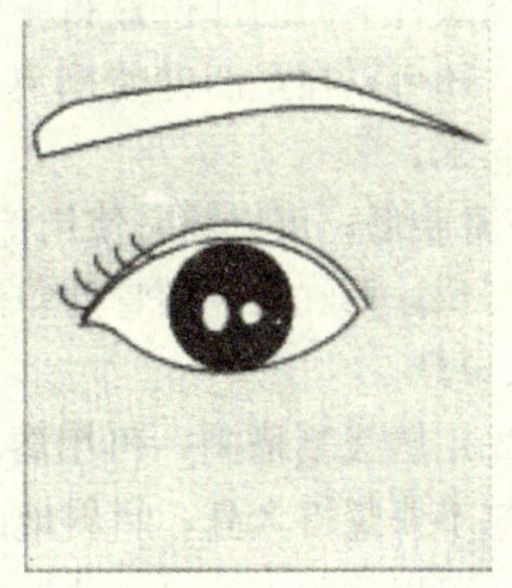

(b) 眼睛看起来往下

图 3—22 卷睫毛的效果

2) 贴假睫毛的方法。

首先，把假睫毛剪短，比自己的眼睛宽短 8mm 左右。其次，镜子放在桌子上倾斜 45 度斜着朝下（脸朝前方），在假睫毛上涂好胶水。再次，确认好眼头开始 3mm 和眼尾过来 5mm 的位置。从眼睛的中间开始贴，然后是眼头，然后是眼尾。最后，刚贴上的时候很容易脱落，所以要用手指轻轻按住。具体见图 3—23。

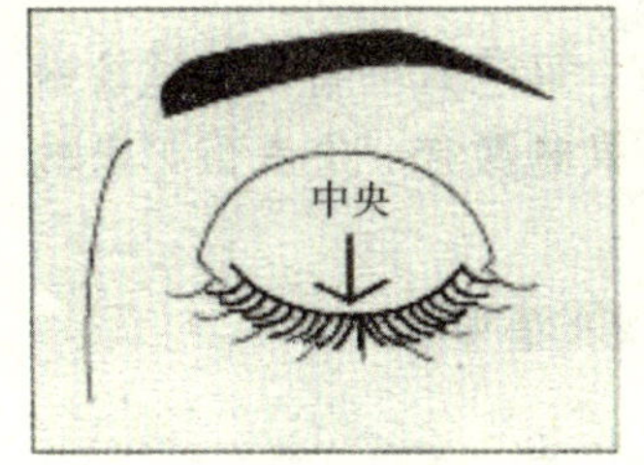

(a) 中间开始贴

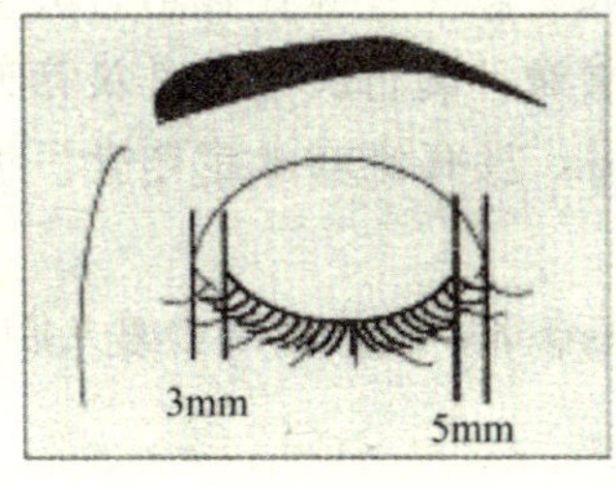

(b) 贴的位置

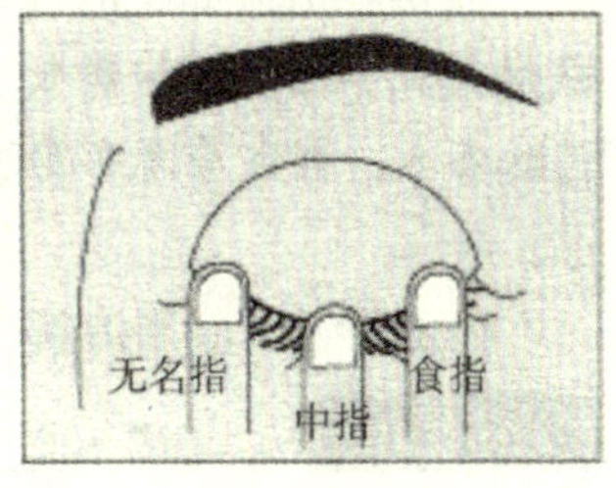

(c) 按牢（食指，中指，无名指）

图 3—23 贴假睫毛的方法

6. 涂腮红

(1) 涂腮红的方法：

为了让自己可以均匀地打好腮红，可以先对着镜子笑一下，鼓起来的腮榜部分就是要打腮红的部位。打腮红能让人看起来血色好，可以使用粉红色系或桔色系的颜色。

涂腮红从脸的外侧开始，抖动刷子涂。注意不要涂到小鼻和耳垂部分连接线的下面。腮红涂多了，也不用担心，可以用粉扑轻轻拍掉。

(2) 上腮红要根据脸形：

1) 圆脸形：可将腮红从颧骨中心向靠近鼻梁的部位逐渐拉长，呈长弧形涂抹，再自然地向耳边舒展，渐渐淡下去，可以使脸形产生长一些的视觉效果。

2) 窄长脸形或小脸形：选用浅桃红或艳些的苹果红色的腮红，以颧骨为中心往外侧推抹，横面铺开为扇形，到两颊自然地匀开，可以使脸显得丰满、圆润。

3) 颧骨偏高脸形：应选用明快一些的涂抹在颧骨下边，自然地向周围舒展开，这样可以使高颧骨下面的部位显得丰满，看起来高颧骨就不太突出了。如果颧骨下边凹得较明显，还可以在最凹处使用更浅点的腮红或淡粉底色，同时淡淡地匀开，使上下左右柔和起来。

4）正常脸形：可以同时使用棕、粉红、淡红偏黄三种颜色的腮红。棕色涂在颧骨下的阴影部位，粉红涂在颧骨处，淡红偏黄颜色涂在颧骨之上和眼外角及眼下部位。

7. 涂口红

可以先用唇线笔描画，再用唇刷或口红棒涂抹。画唇线从中间开始入笔，两边对称地画，笔不要竖得太高，斜斜地画下去。

最后，可以往脸上稍打一些散粉，显得更自然，妆也会保持更持久。

（三）喷香水的注意事项

香水使用不要过量，避免适得其反。香水要喷洒或涂抹在适当的地方。一般洒在耳朵后面或是手腕的脉搏上。另外，臂内侧和膝盖内侧也是合适的部位。除了直接涂于皮肤，也可以喷在衣服上，一般多喷在内衣和外衣内侧，裙下摆以及衣领后面。而面部、腋下的汗腺、易被太阳晒到的暴露部位、易过敏的皮肤部位以及有伤口甚至发炎的部位，都不适合涂香水。

通常，清淡如花的气味，如茉莉花香味比较适合大多数人。欧洲人和中东人用的香水会比较浓，我们没有必要效仿西方，而应选择喜欢并适合自己的香水。香水是无形的装饰品，没有比香水能更快、更有效地改变一个人的形象的了。

在工作时，应用清新淡雅的香水，这样才不会给人以唐突的感觉。

小提示

民航服务人员化妆要求

1. 女员工必须化淡妆上岗；

2. 民航服务人员化妆的基本要求是庄重、自然、健康、清洁。化妆应追求自然淡雅的效果，妆色要端庄、明朗，不可娇艳。浓重的眼影和眼线，刺鼻的香水，都是与工作不相符合的。

工作情境任务

思思是一名即将参加航空应聘面试的毕业生，面对琳琅满目的化妆品和化妆工具，不知道从何下手。她如何根据自身的特点和专业特征，为此次面试化一个得体的妆容呢？

1. 化妆实操训练准备物品：

洗面奶、小毛巾、爽肤水、润肤露、粉底、定妆粉、化妆盒（眼影、腮红）、修眉刀、眉笔、眼线笔、唇线笔、化妆刷、睫毛夹、睫毛膏、唇膏、化妆棉、面巾纸、梳子、皮筋、发套、黑色卡子、定型摩丝等。

2. 训练要求：

（1）对照本节所学内容，检查自己的发型、面部、手的清洁是否符合礼仪标准。不符合马上改正。

（2）根据所学内容，设计适合自己的发型，并和同学互相交流，听取同学的建议。

（3）在教师指定的时间，女生尝试给自己化妆，妆容要符合民航服务行业员工的标准。男生来评判女生化妆效果，说出优点与建议。

3. 走入民航企业，观察员工的仪容规范，返校后，撰写200字左右的体会，同学间交流。

评价

全班参与，自行设计评比方式和评比内容，以个人或小组为单位参加，从发型、面部、手及手臂的清洁等方面进行评比，选出班级最佳职业风貌奖。

第二节　民航服务人员着装规范礼仪

一个人的穿着打扮，就是他的教养、品位、地位的最真实的写照。

——莎士比亚

着装，即服装的穿着。严格地说，它既是一门技巧，更是一门艺术。从本质上讲，着装与穿衣并非一回事。穿衣，往往看重的是服装的实用性。它仅仅是马马虎虎地将服装穿在身上遮羞、蔽体、御寒或防暑而已，无须考虑其他。着装则大不相同，着装实际上是一个人基于自身的阅历、修养或审美品位，在对服装搭配技巧、流行时尚、所处场合、自身特点进行综合考虑的基础上，在力所能及的前提下，对服装所进行的精心选择、搭配和组合。站在礼仪的角度看，着装是一门系统工程，它不仅指穿衣戴帽，更指由此而折射出的人们的教养与品位。在各种正式场合，不注意个人着装者往往会遭人非议，而注意个人着装者则会给人以良好的印象。

工作情境任务

3～4名学生为一组，完成以下任务：

1. 走入民航行业，观察服务员工的着装规范，并用相机记录下来；

2. 查找相关资料，总结正式场合着装的礼仪规范；

3. 将图片与资料汇总成演示文稿，在全班汇报展示、评比、要求展示时，配以讲解，说明同学的具体分工。

案例

小刘和几个外国朋友相约周末一起聚会娱乐，为了表示对朋友的尊重，星期天一大早，小刘就西装革履打扮好，对照镜子摆正漂亮的领结前去赴约。北京的8月天气酷热，他们来到一家酒店就餐，边吃边聊，大家很开心。可是不一会儿，小刘已是汗流浃背，不住地用手帕擦汗。饭后，大家到娱乐厅打保龄球，在朋友的强烈要求下，小刘勉强站起来整理好服装，拿起球做好投球准备，当他摆好姿势用力把球投出去时，只听到“嚓”的一声，上衣的袖子扯开了一个大口子，弄得小刘十分尴尬。

思考·讨论

小刘的着装出现了什么问题？违背了着装的什么原则？

一、着装原则

着装最基本的原则是要保持衣服的整洁，不管多么新款的时装，若不够整洁，将大大影响穿着者的仪容，无论是上班还是普通上街的便服，均以整齐清洁为原则。另外，还要遵守如下原则。

（一）协调原则

即着装要与个性、体型、肤色协调，见图3—24。

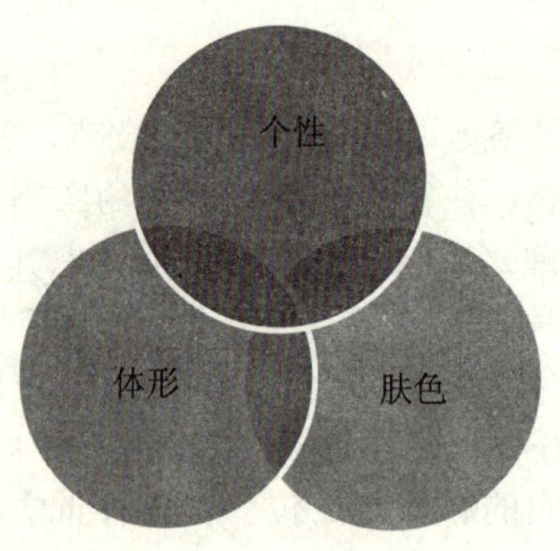

图3—24 协调原则

1. 配合身份与个性

着装既要符合自己的身份，也要配合对方的身份，这样有助于彼此的沟通。我们在选择服装进行服饰打扮时，要符合个人的气质。性格开朗的人，宜穿颜色较鲜明的衣服；性格较保守、严肃的，应穿颜色较低调、款式较保守的服装。

2. 配合体型

衣不合体会给人留下可笑的印象，每个人均要明了自己体型的优点和缺点。

（1）体型肥胖的人：

不宜穿色彩太艳丽或大花纹、横纹等服饰，这样会导致体型向横宽错视方面发展。宜穿深色、冷色小花纹、直线纹服饰，以显清瘦一些。

（2）体型偏瘦高的人：

这种体型宜穿浅色横色纹或大方格、圆圈等服饰，以视错觉来增加体型的横宽感。

同时可选用红、橙、黄等暖色的服饰加以搭配，使之看上去健壮、丰满或更匀称一些。

（3）体型矮的人：

尽量少穿或不穿色彩过重或纯黑色的服饰，免得在视觉上造成缩小感觉。不要穿那些鲜艳大花图案和宽格条的服饰，应该挑选素净色和长条纹服饰。

（4）体型太大的人：

这里所说的“体型太大”，指的是高度与宽度都超过标准体型的人。这种体型不宜穿着颜色浅且鲜艳的服饰，最好免去大花格布，而代之以小花隐纹面料，主要是避免造成扩张感，以免使形体在视觉上显得更大。

3. 配合肤色

（1）白皙皮肤：肤色白嫩者，适合穿各种颜色的衣服。因为“一白遮百丑”。大部分颜色都能令白皙的皮肤更亮丽动人，色系当中尤以黄色系与蓝色系最能突出洁白的皮肤，令整体显得明艳照人。

（2）淡黄或偏黄皮肤：皮肤偏黄的宜穿蓝色调服装，如酒红、淡紫、紫蓝等色彩，能令面容更白皙，但强烈的黄色系如褐色、橘红等最好能不穿则不穿，以免令面色显得更加暗黄、无光彩。

（3）肤色较黑：不必感伤，适当选择服饰打扮自己，同样魅力无穷。肤色较黑的人，可以选一些比较明亮的颜色，如浅黄、鱼肚白、粉白等，可以强化肌肤的健美感。

（二）TPO 原则

TPO 原则是国际上公认的穿衣原则。它的含义是：人们在选择服饰穿戴时注意与特定的时间、地点、场合的要求和谐搭配。见图 3—25。

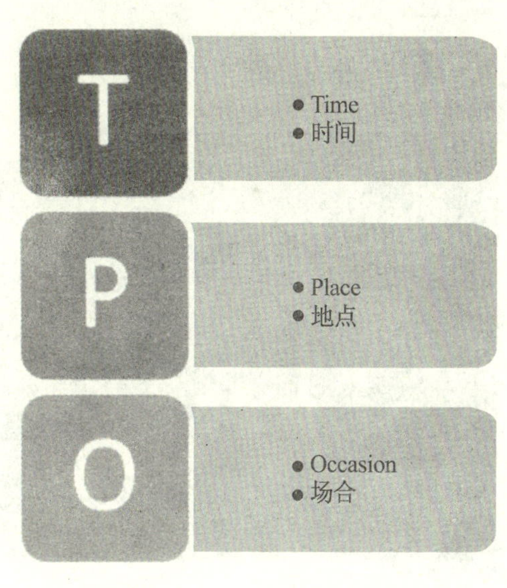

图 3—25　TPO 原则

1. 时间原则

从时间上讲，一年有春、夏、秋、冬四季的交替，一天有 24 小时变化，显而易见，在不同的时间里，着装的类别、式样、造型应因此而有所变化。比如，冬天要穿保暖、御寒的冬装，夏天要穿通气、吸汗、凉爽的夏装。白天穿的衣服需要面对他人，应当合身、严谨；晚上穿的衣服不为外人所见，应当宽大、随意等。

2. 地点原则

在不同的地点，着装的款式也应有所不同，即特定的环境应配以与之相适应、相协调的服饰，以获得视觉与心理上的和谐感。民航员工在工作单位，服饰应当合乎本单位、本部门的规范，做到正规、干净、整洁、文明。例如，把运动衣、牛仔服、拖鞋穿进办公室和社交场合，都是与环境不相符的。在国内，一位少女只要愿意，随时可以穿小背心、超短裙，但她若是以这身行头出现在着装保守的阿拉伯国家，就显得有些不尊重当地人了。

3. 场合原则

衣着要与场合协调。与顾客会谈、参加正式会议等，衣着应庄重考究；听音乐会或看芭蕾舞，应按惯例着正装；出席正式宴会时，应穿中国的传统旗袍或西方的长裙晚礼服；在朋友聚会、郊游等场合，着装应轻便、舒适。试想一下，如果大家都穿便装，你却穿礼服就有欠轻松；同样地，如果以便装出席正式宴会，不但是对宴会主人的不尊重，也会令自己尴尬。

（三）“三色五纯”原则

1. 三色原则

“三色原则”，即与制服一同穿着的衬衫、领带、帽子、鞋袜，包括制服本身在内，其色彩总量应限定在三种以内。一般选用蓝色、黑色和灰色。蓝色会给人整齐、规范的感觉；黑色显得庄重、肃穆；灰色则显得成熟、稳定。因此，大部分民航企业制服的颜色选用蓝色调，既大方、庄重，适合中国人的皮肤颜色，又有蓝天寓意，是传统的“航空色调”。

2. 五纯原则

指服装的质地。一般情况，本着既经济实惠，又美观体面的方针，应当优先考虑纯毛、纯棉、纯丝、纯麻、纯皮面料，即五纯。

二、服装种类

服装大致可以分为职业装、校服、休闲服、民族服装、中式服装等。见图 3—26 和图 3—27。

图 3—26 职业装

图 3—27 中式旗袍

三、西装的穿法

着装既可以提高人的职业声誉，也会损害人的信誉。不管是首饰、化妆、发型还是服装本身，任何一方面的夸张或过分都有损于人的形象。职业服装是一种制服，穿上它表明我们已经“具备”职业化的、以工作为重的品质。事实上，大多数人在穿上职业服装后举止也就不同了，他们会站得更直或举止更严肃。在职场上，公然违背着装规则会被视为对社会主流文化的挑战。无论是女人穿超短裙，打扮得珠光宝气，还是男人经常敞着衬衫领口，穿运动夹克衫，在职场上给人留下的印象可能都是："我对工作不严肃。"不过，即使是办公楼里着装最佳人士有时也会左右为难，因为同时还要避免给人留下仅对衣服感兴趣的印象。要以着装向人传达这样的信息："我属于这里"，"我是一个专业人员"，"我有独特的判断力和高雅的品位"。

（一）男士正装西服的着装礼仪

现代男士西服基本上是沿袭欧洲男士服装的传统习惯而形成的，其装扮行为具有一定的礼仪意义。实例见图 3—28。

1. 西装的款式

图 3—28 西装着装

净色而颜色偏深的整套西装适于多种场合，最能派上用场。双排扣西服给人以庄重、正式之感，多在正式场合穿着，适合于正式的仪式、会议等；单排扣西服穿着场所普遍，宜作为工作中的职业西服或生活中的休闲西服。

2. 衬衫

在套装与衬衫的组合上，衬衫的下摆要放入裤子里，整装后，衬衣领和袖口均要比外衣长出 1～2cm。净白色或白色的长袖衬衫是正式场合的首选。衬衫里面一般不要穿棉毛衫，天冷时，衬衫外面可穿一件羊毛衫。

3. 领带

领带被称为西装的"画龙点睛之处"，凡是正式场合，穿西装都应系领带。

（1）领带的选择：

用于正式场合的领带，要选用单色。其图案应规则、传统，最常见的有斜条（见图 3—29）、横条、竖条、圆点、方格以及规则的碎花，它们多有一定的寓意。领带下端为倒三角形，适用于各种场合，比较传统。

图 3—29 斜条领带

（2）领带的位置：

穿西装上衣系好衣扣后，领带应处于西装上衣与内穿的衬衫之间。穿西装背心、羊毛衫、羊绒衫、羊毛背心时，领带应处于它们与衬衫之间。不要让领带逸出西装上衣之外。

（3）领带的结法：

领带扎得好不好看，关键在领带结打得如何。打领带结有三点技巧：其一，打得端正、挺括，外观上呈倒三角形。其二，在收紧领结时，有意在其下压出一个窝或一条沟，使其看起来美观、自然。其三，领带结的具体大小不可以完全自行其是，应令其大体上与同时所穿的衬衫领子的大小成正比。穿立领衬衫时不宜打领带，穿翼领衬衫时适合扎蝴蝶结。

领带有六大结法：亚伯特王子结、温莎结、浪漫结、四手结（单结）、简式结（马车夫结）及半温莎结。

1）亚伯特王子结。适用于浪漫扣领及尖领系列衬衫搭配质料柔软的细款领带。正确打法是在宽边先预留较长的空间，并在绕第二圈时尽量贴合在一起。见图 3—30。

2）温莎结。此种结形因其宽度较一般结形宽，故十分适合使用在意大利式领口（八字领）的浪漫系列衬衫上，与浪漫细致的丝质领带相互搭配。见图 3—31。

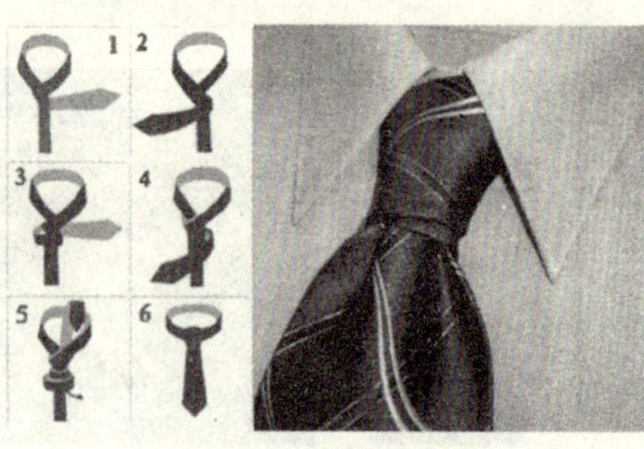

图 3—30　亚伯特王子结

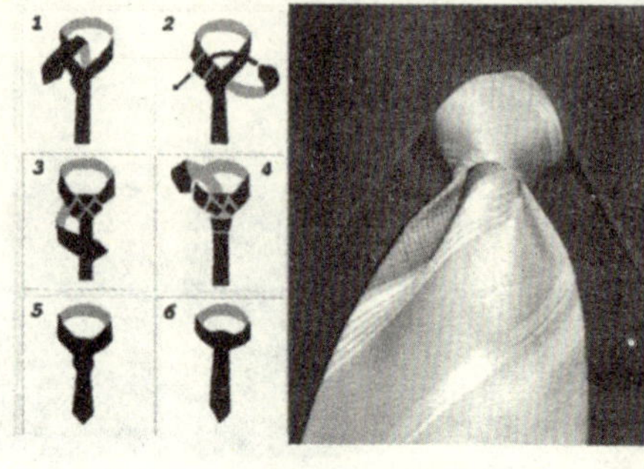

图 3—31　温莎结

3）浪漫结。适合用于浪漫系列的领口及衬衫。完成后将领结下方之宽边压以折皱可缩小其结型，将窄边往左右移动使其小部分露在宽边旁。见图 3—32。

4）四手结（单结）。这种方法是所有领结中最容易上手的，适用于各种款式的衬衫及领带。见图 3—33。

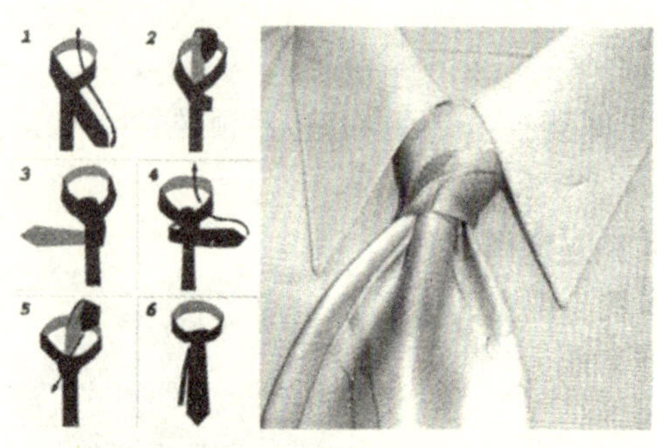

图 3—32　浪漫结

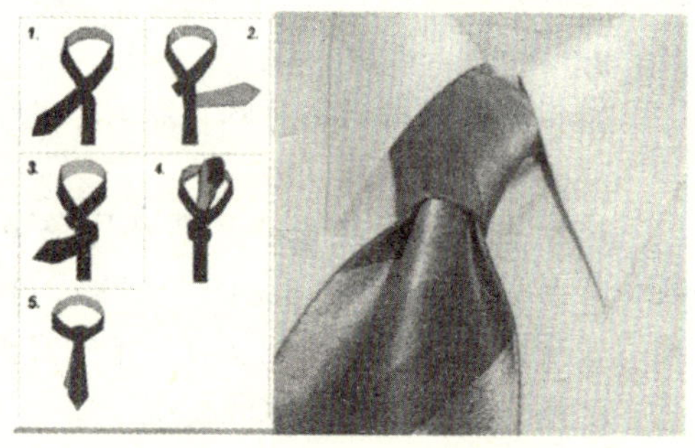

图 3—33　四手结（单结）

5）简式结（马车夫结）。适用于质料较厚的领带，最适合打在标准式及扣式领口的衬衫。将其宽边以 180 度由上往下翻转，并将折叠处隐藏于后方，完成后可再调整其领带长度。见图 3—34。

6）十字结（半温莎结）。此款结型十分优雅及罕见，其打法也较复杂。使用细款领带较容易上手，最适合搭配在浪漫的尖领及标准式领口系列衬衫。见图 3—35。

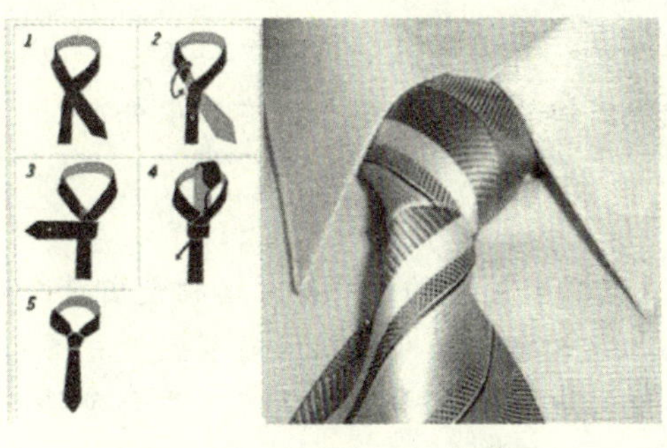

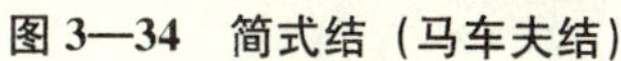

图 3—34 简式结（马车夫结）

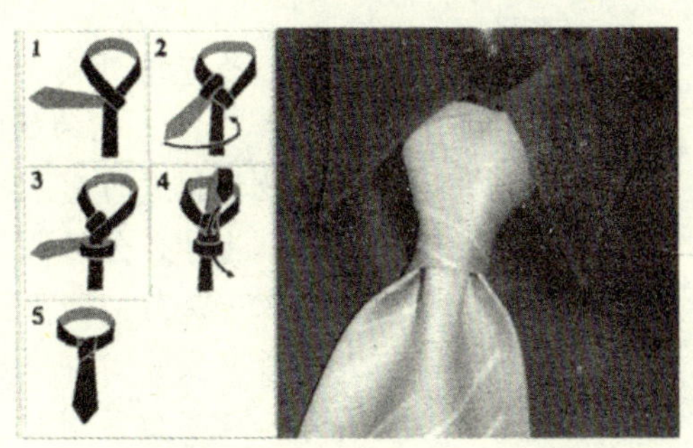

图 3—35 十字结（半温莎结）

（4）领带的佩饰。

打领带时，可酌情使用领带佩饰。领带佩饰的基本作用是固定领带，其次是装饰。常见的领带佩饰有领带夹、领带针、领带棒。使用领带夹的正确位置是，衬衫从上朝下数的第四粒、第五粒纽扣之间。

（5）领带的长度。

成人日常所用的领带，通常长 130～150 厘米。领带打好之后，外侧应略长于内侧。其标准长度应当是下端正好触及腰带扣的上端。不提倡在正式场合选用难以调节其长度的“一拉得”领带或“一套得”领带。

4. 扣子

穿着西装，在较隆重的场合必须系扣。穿两粒扣西服扣第一粒表示郑重，不扣扣子则表示气氛随意；三粒扣西装扣上中间一粒或上面两粒为郑重，不扣表示融洽；一粒扣西装以系扣和不系扣区别郑重和非郑重。

5. 袜子

深色袜子可以配深色西装，也可以配浅色西装。浅色的袜子能配浅色西装，但不宜配深色西装。忌用白色袜子配西装。袜子的长度为宁长勿短。

6. 皮鞋

黑色皮鞋是万能鞋，它能配任何一种深颜色的西装。而漆皮鞋只宜配礼服。

民航服务人员的皮鞋要保持干净，做到：鞋面无尘、鞋底无泥。鞋子擦得锃亮的人，会显得特别光鲜，容易给人以好感，脏兮兮的鞋子最不宜登大雅之堂。

7. 皮带

深色西装可配深色腰带，浅色西装则深色、浅色的皮带都可。此外，皮带的颜色应与皮鞋协调。

（二）女士正装西服的着装礼仪

女性的职业装既要端庄，又不能过于古板；既要生动，又不能过于另类；既要成熟，又不能过于性感。

案例

邓玲在一家国有企业工作，有一天，上级派她代表公司前往上海参加一个大型的外贸商品洽谈会。为了给外商留下良好印象，邓小姐精心打扮了一番，专门穿了一件蓝色的上衣和一条黑色的西裤。然而，在这场洽谈会上，有不少外商对她敬而远之，甚至和她打招呼的意愿都没有。

邓玲觉得很困惑，为什么会招来如此后果？

原来，国外商界人士认为：职业女性在正式场合穿着的服装中，套裙是首选。在当时的场合，几乎所有女士都穿着得体的西装套裙，而邓小姐的着装显然稍显懈怠。在正式场合穿套裙不仅是对他人的尊重，也能显露女性的高雅气质和独特魅力。

1. 西装的款式

现代职业女性流行穿套裙，主要包括一件女式西装上衣，一条半截式的裙子。在正式场合，女士须穿着套裙制服，这样会显得精明、干练、成熟、洒脱，而且可以显示出女性的优雅、文静、庄重、大方。

一套在正式场合穿着的套裙，应该由高档面料缝制。上衣和裙子采用同一质地、同一色彩的素色面料，上衣注重平整、贴身，最短可以齐腰。值得注意的是：袖长要盖住手腕。裙子要以窄裙为主，并且裙长要到膝或者过膝，最长则不要超过小腿的中部。

（图片来源：http：//image. baidu. com。）

女性职业装的色彩应当以冷色调为主，借以体现出着装者的典雅、端庄。为了与时代接轨，也应保持点“流行色”，使传统与现代完美结合。正装基础色彩是黑白两色，搭配一些含灰量较多的色彩比较适合，另外点缀些小面积的艳丽色彩。

2. 衬衫

白衬衫可说是职业装的最佳搭档，以高雅、清晰的风格成为白领丽人的必备单品。它的魅力在于以不变应万变的百搭风格。比如注重内搭的衬衫，尽量选择明亮色的；利用不同色系的腰带或丝巾，使平淡的着装平添一种青春亮丽的亲和感。

3. 鞋、袜子

与套裙配套的鞋子，宜为皮鞋，且以黑色为正统。鞋子切忌成为全身颜色最鲜艳之处，黑色、灰色、米色、咖啡色等中性色，可与大多数颜色的服装相配，永远是上班族女性的最佳拍档。在严肃的工作场合中，露出脚趾的鞋款无疑会令你的公众形象大打折扣，在重要的正式场合是不能穿着凉鞋的。鞋子宜为高跟、半高跟的船式皮鞋或盖式皮鞋，民航服务业女员工鞋跟不超过 5mm。

袜子的颜色以肉色、黑色、浅灰、浅棕为最佳，最好是单色。鞋、裙的色彩必须深于或略同于袜子的色彩，并且鞋、袜的图案与装饰均不宜过多并且要保证鞋袜完好无损。长筒袜和连筒袜是与套裙的标准搭配。鞋袜不可当众脱下，也不可以让鞋袜处于半脱状态，袜口不可暴露在外，或不穿袜子，这些都是公认的既缺乏服饰品味又失礼的表现。

4. 丝巾

丝巾的装饰作用越来越突出。目前，民航大部分部门都有自己统一的丝巾装饰。两种女生丝巾的打法见图 3—36 和图 3—37。

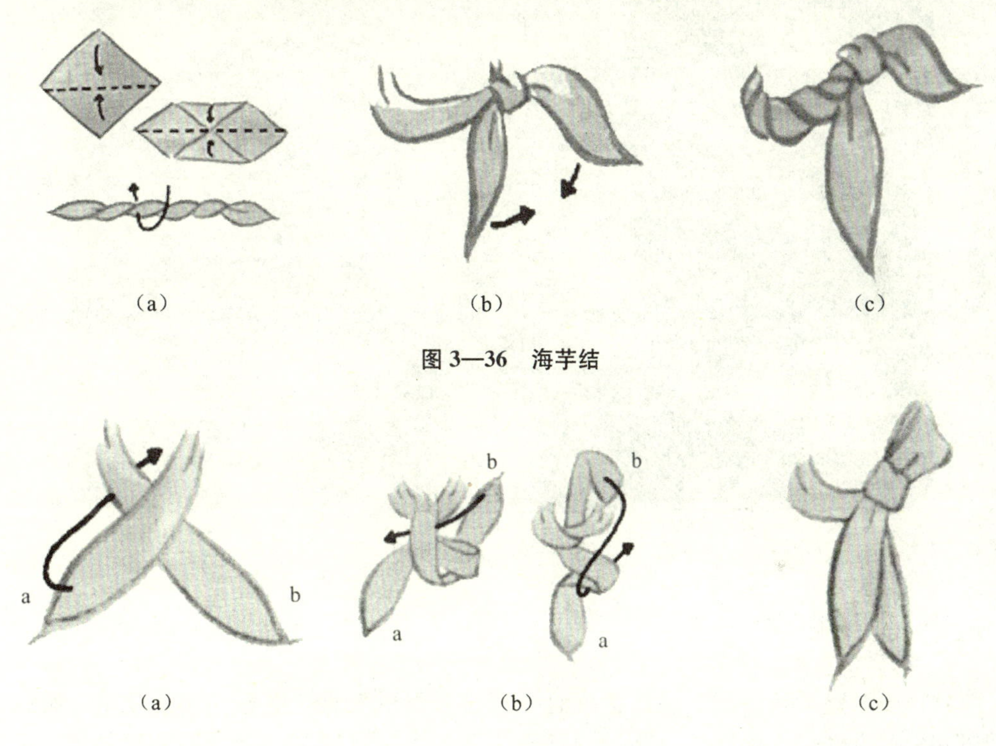

图 3—36　海芋结

图 3—37　凤蝶结

四、饰品搭配

案例

服装配饰

一位高级主管去参加一个商业酒会，她换上了一套准备好的西服套裙，然后携带日常上班用的绒布提包就去了饭店。到了酒会上她才发现，别的女士大都拎的是羊皮手提包或缎面的小包，她的提包看上去与现场气氛很不协调，令她感觉浑身不自然。

思考·讨论

饰品搭配对着装起着画龙点睛的作用，你知道哪些饰品搭配方面的知识？

（一）佩戴原则

饰品的佩戴应符合几个原则，见图3—38。

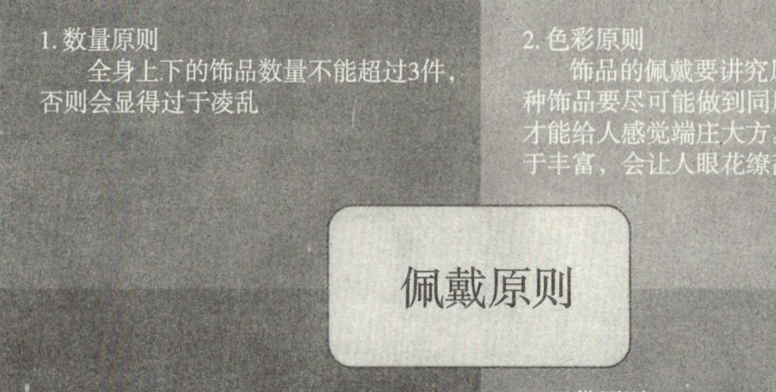

图3—38 佩戴原则

（二）具体配饰要求

1. 项链

项链要与脸形相搭配。脸部清瘦且颈部细长型的女性，宜戴单串短项链；脸圆而颈部粗短的女性，宜戴细长的项链；颈部漂亮的女性可以戴一条有坠的短项链，突出颈部的美丽。正式场合，所戴项链的样式要简单，不宜戴样式繁复的项链。

2. 耳环

身材矮小的人，戴心形、圆珠形的耳环，显得娇小可爱；方形脸适宜佩戴圆形或卷曲线条吊式耳环，可以缓和脸部的棱角；圆形脸戴"之"字形、叶片形的垂吊式耳环，在视觉上可以造成修长感。耳环的佩戴要注意，尽可能简洁，不能太过烦琐。重要的正式场合以佩戴耳钉最为适合。

3. 戒指

戒指应与指形相搭配。手指短小，应选用镶有单粒宝石的戒指，指环不宜过宽，使手指看来较为修长；手指纤细，宜配宽阔的戒指，如长方形的单粒宝石，会使玉指显得更加纤细、圆润。

戒指佩戴在左手，一只手佩戴数目不要多于两个。佩戴在食指上，代表尚未恋爱，正在求偶；佩戴在中指上，代表已有意中人，正在恋爱；佩戴在无名指，代表已正式订婚或已结婚；佩戴在小指，誓不婚恋，独身主义；佩戴在大拇指，代表权力和威严。

五、着装注意事项

案例

衬衫褶痕带来面试尴尬

一名刚毕业的大学生准备参加招聘面试。他买了件新衬衫，在面试当天才折开。他并不在乎衬衫上有褶痕，因为穿上西装就能挡住。但是，没料到面试过程中，主试者却让他把西装脱了好放松一点。他当时就傻眼了，满脑子想的都是衬衣上的褶痕。

思考·讨论

在穿着正装西服时，应该注意哪些礼仪细节？

（一）忌脏

穿着制服，必须努力使之保持干净而清爽的状态。对制服的清洁与否，一定要时刻留意。一旦发觉它被弄脏，应当马上换洗。换言之，对制服定期或者不定期地进换洗，应当成为每一位民航服务人员用以维护自我形象的自觉而主动的行动。不仅如此，除制服之外，与之同时配套穿着的内衣、衬衫、鞋袜，应定期换洗，绝不可容忍其长期“值班”。

在旅客面前，民航服务人员所穿的制服必须无异味、无异物、无异色、无异迹。若是汗臭扑鼻，或遍布油垢、汗迹、汤渍、漆色，并不表明着装者勤劳辛苦，却会令人感到肮脏不堪。

（二）忌皱

穿着制服，另外一个重要的要求是其整整齐齐、外观完好。由于制服所用的面料千差万别，并非所有的制服都能够做到悬垂挺括、线条笔直，但是不使其皱皱巴巴、折痕遍布，却是每一名民航工作人员均应做到的。无论从哪一个方面来说，身穿一套折皱制服的人士，都难以赢得他人的尊敬。

（图片来源：http：//image. baidu. com。）

为了防止制服产生折皱，必须采取一些必要的措施。例如，脱下来的制服应当挂好或叠好，切勿信手乱扔。洗涤之后的制服，要加以熨烫，或者上浆。穿制服时，不要乱倚、乱靠、乱坐等。最重要的是，要在思想上认识到，满是折皱的制服是丑的。

（三）忌破

在工作之中，有时服务人员所穿的制服经常会在一定程度上形成破损。除了“工伤”这一因素之外，制服穿着的时间久了，也会自然“老化”，如开线、磨毛、磨破、纽扣丢失等。

发现制服“挂彩”之后，应采取必要的补救措施，并且根据其具体情况分别加以对待。一般情况下，制服一旦在外观上发生明显的破损，如掉扣、开线或形成破洞等，就不宜在工作岗位上继续穿着。千万不可视而不见，听之任之。对破残的制服，应分别进行处理。若其为劳动服，则经过认真修补后，仍然可以再穿。但不应对破残之处敷衍了事，在此贴胶布或别别针，都是不规范的。若破残之处经过修补后痕迹明显者，如需要打补丁或换上式样不配套的纽扣之类，则不宜再度在工作场合穿着。

（四）忌乱

在穿制服的单位里，最忌讳一个“乱”字。服务人员穿制服时所谓的“乱”，主要反映在如下两方面：

一方面，有人不按照规定穿制服。在某些要求穿制服的单位里，总有个别人以“忘记了”、“不舒服”、“不合身”、“不喜欢”为由，拒绝穿制服。他们甚至自以为美地将街市装、宴会装、沙滩装、卧室装穿到单位来，不仅让别人搞不懂他们是不是上班来了，而且破坏了本单位的制度和秩序，让外人觉得本单位管理不严。

另一方面，有人穿制服时不守规矩。在有些单位里，一些人虽然按规定穿了制服，但却自行其是、随便乱穿。比如，敞胸露怀、不系领扣、高卷袖筒、挽起裤腿、乱配鞋袜、不打领带、不束衬衫下摆等。如此种种做法，也有损制服的整体造型。客观地讲，这些做法的危害性并不亚于不穿制服。

另外，工作制服是为体现身份或者方便工作的服装，因此只适宜在工作岗位上穿着，下班后应立即换上便装，不要穿着制服逛街、就餐、娱乐，也不要穿着工作服到商场、车站这类人员密集的场所。

小提示

民航服务人员着装要求

1. 工作期间必须穿着统一的制服。春秋装和冬装不得混穿。款式不允许以任何方式修改，由于体重改变需要修改制服，需交到公司制定裁缝那里去修改。制服应保持干净整洁，经常清洗熨烫，裤子应有明显的裤线，不得有油渍、汗渍、墨水等。衬衫至少每两天清洗一次。穿着制服上衣要求把纽扣全部扣上。不得将制服的袖口或裤脚挽起。穿着衬衫时，领口和袖口应扣好，并须将下摆收在长裤或裙子内，不得外露。不能穿有破损的袜子。每日上岗前，应将皮鞋擦净擦亮。工号牌佩戴在左胸上方。

2. 必须戴走时准确的手表，手表的设计以简单为宜。表带是银色、金色的金属表带或皮质表带，宽度不得超过 2cm，颜色限制在黑、棕、棕褐、灰色，不得佩戴其他各类型手表及系挂怀表。

3. 戒指只允许佩戴戒环宽度不超过 2mm 的金、银质或钻石细戒一枚。

4. 项链允许带一条纯金或纯银的宽度不超过 3mm 的项链，相配坠饰物不得过于夸张。项链不得戴在制服外面。

5. 女员工仅限每只耳朵戴一枚耳钉，共戴两枚，款式不得夸张；男员工耳部不得佩戴饰物。

6. 上岗期间，男女员工一律不得佩戴胸花、手链、脚链、耳坠、耳环等饰物。

7. 员工进入候机楼、办公楼一律不得戴太阳镜。

8. 香水的喷洒适度，以距离1平方米闻不到为宜。

学生拓展活动

1. 练习领带的结法、丝巾的系法。
2. 训练按着装规范穿着制服。
3. 以班级为单位，做职业形象礼仪展示。要求配以音乐，结合仪态规范练习。

评价

请学生代表与学校教师代表为学生职业形象评价。见表3—1。

表3—1　评价项目

仪态规范到位	仪容干净整洁	外套	衬衫	马甲	裤子	皮带	裙子	袜子	鞋	帽子

每项分3、2、1三个等次，3为完美、2为有所欠缺、1为有瑕疵。评选出班级最佳职业形象奖。

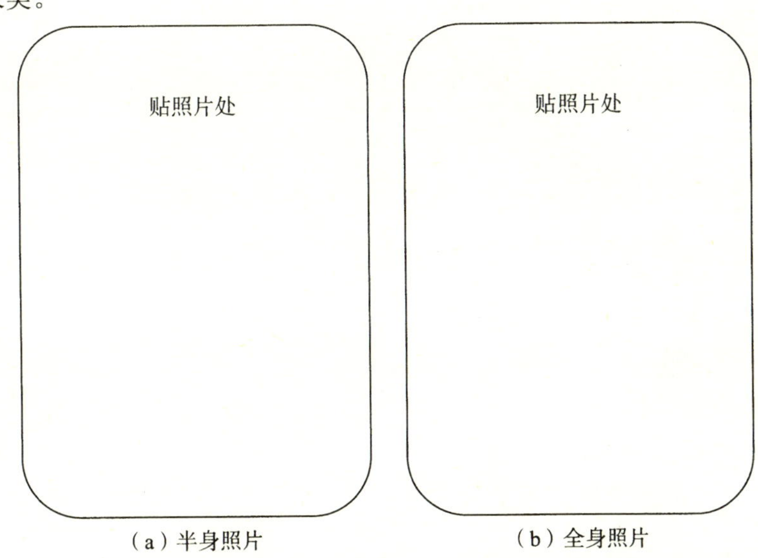

贴照片处　　贴照片处

（a）半身照片　　（b）全身照片

看我——本人职业形象展示

测一测

1. 在套装与衬衫的组合上，衬衫的下摆要________，整装后，衬衣领和袖口均要比外衣长出________ cm左右。________色的长袖衬衫是必不可少的基本服装配件。

2. 穿着西装，在较隆重的场合扣子注意要________；穿两粒扣西服扣第一粒表示________，不扣扣子则表示________；三粒扣西装扣上________或________为郑重，不扣表示融洽；一粒扣西装以系扣和不系扣区别郑重和非郑重。

3. 穿西装上衣系好衣扣后，领带应处于________与________之间。

4. ________色（深、浅）袜子可以配深色的西装。________（深、浅）色的袜子能配浅色西装，但不宜配深色西装。忌用________色袜子配西装。袜子长度的原则为________。

5. 在正式场合，女性穿裙子配________袜或________袜，颜色以________色、________色最为常用。________、________或________的袜子，都不能穿着外出；不能在公共场合整理袜子，________不能外露。

6. 皮鞋要保持清洁，做到________________。

7. ________色皮鞋是万能鞋，它能配任何一种深颜色的西装。________色（深、浅）的鞋子决不宜配深色的西装，________色（深、浅）的鞋也只可配浅色西装。

8. 民航服务行业要求工作期间必须穿着________的制服。春秋装和冬装不得混穿。制服应保持干净整洁，经常清洗熨烫，裤子应有明显的________，不得有________、________、________等。衬衫至少每________天清洗一次。着制服上衣时，纽扣应________；不得将制服的袖口或裤脚________；穿着衬衫时，领口和袖口应________，并须将下摆收在长裤或裙子内，不得________。每日上岗前，应将皮鞋擦净。

第四章 民航服务人员语言运用礼仪

学习目标

1. 了解语言运用的原则；
2. 了解常用的礼貌用语；
3. 使用礼貌用语和相关称呼用语进行旅客服务；
4. 有意识培养自己的职业化素质，成功与人沟通、交流。

交谈时的温和友善比妙语风趣更使人欢愉，它给人以一种比美貌更为悦人的风仪。

——艾迪生

在民航服务过程中，我们每天难免和旅客、同事要说话。说什么，怎么说，什么话能说，什么话不能说，都应“讲究”。可以说，“说话”也是一种艺术。要把自己培养成一名有礼有节的员工，在说话时一定要做到言之有“礼”。

第一节 语言运用的一般原则与技巧

情景链接

一艘游艇出事了，慢慢下沉。船上有来自各国的企业家。船长命令大副：“赶快通知那些先生们，穿上救生衣，马上从甲板上跳海。”但是大副一会儿就回来了，报告说没人跳，船长去了。没多久，都顺从地跳下去了。船长说：“我告诉英国人跳海是一种运动；告诉法国人，跳海是一种别出心裁的游戏；我同时警告德国人，跳海可不是闹着玩的；在俄国人面前，我就认真地表示：跳海是革命的壮举；而对美国人说已经为他们办了巨额保险。”

思考·讨论

语言运用很微妙，在以上案例中，说明什么道理？在语言运用中还应该注意什么？

一、语言运用的一般原则

（一）理智性原则

使用语言要有目的性：

（1）传递信息，表达情感。

（2）引起注意，唤起兴趣。

（3）取得信任，增进了解。

（4）进行鼓励，大力激励。

（5）予以说服，加以劝告。

（二）适应性原则

语言运用要注意场合、时机、对象。

（三）得体性原则

巧妙地处理好主客、褒贬、软硬、深浅的辨证关系。

（四）平易性原则

说话时要保持平易近人、温文尔雅、不急不躁，忌声色俱厉。

（五）综合性原则

口语、动作、表情、音响、灯光、室内色彩等因素对语言描述的效果都会一定的影响，要注意整体把握。

（图片来源：http：//image. baidu. com。）

二、语言运用技巧

作为民航服务人员，运用语言时要注意语音的控制，语音准确、吐字清楚、讲普通话。说话过程中，语气要有抑扬顿挫，表现出服务人员的热情、专业。速度要适中，以 60～80 字/分钟为宜。

第二节　礼貌用语

案例

千篇一律的问候

一天中午，一位住在某饭店的国外客人到饭店餐厅去吃饭，走出电梯时，站在电梯口的一位女服务员很有礼貌地向客人点点头，并且用英语说：“先生，您好！”客人微笑地回道：“你好，小姐。”当客人走进餐厅后，引位员发出同样的一句话："您好，先生。"那位客人微笑着点了一下头，没有开口。客人吃好午饭后，顺便到饭店的庭院中遛遛，当走出内大门时，一位男服务员又是同样的一句话："您好，先生。"

这时客人下意识地只是点了一下头了事。等到客人重新走进内大门时，劈头见面的仍然是那个服务员，"您好，先生"的声音又传入客人的耳中，此时这位客人已感到不耐烦，默默无语地径直去乘电梯准备回房间休息。恰好在电梯口又碰见那位女服务员，自然又是一成不变的套话："您好，先生。"客人实在不高兴了，装作没有听见的样子，皱起了眉头，而这位女服务员却丈二和尚摸不着头脑！

这位客人在离店时，写给饭店总经理一封投诉信，内中写道："……我真不明白你们饭店是怎样培训员工的？在短短的中午时间内，我遇到的几位服务员竟千篇一律地简单重复一句话'您好，先生'，难道不会使用其他的语句吗？"

思考·讨论

分析上述案例，请思考进行服务问候时，还可以说些什么？服务用语怎样说才会符合礼仪规范？

一、主要特点

服务人员的礼貌用语有主动性、约定性、亲密性的特点。

主动性是指要做到：口到、心到、意到，从言谈举止中迅速把握旅客的心情，主动了解旅客的愿望，尽量站在旅客的立场上说话办事；约定性是指在使用礼貌用语时，要使用约定俗成、沿用已久的内容，不要标新立异，独树一帜，不具有规范性，影响到服务质量；亲密性是指服务语言要表达出服务人员亲切、自然，易于沟通交流，为旅客创造愉快的服务氛围。

二、常用类型

语言礼仪的常用类型有很多，具体见图4—1。

图4—1　常用类型

（一）问候用语

问候用语指的是问好、打招呼。适用于相见之初，彼此向对方询问安好，致以敬意。

（1）使用时机：

主动服务于他人时；他人有求于自己时；他人进入本人服务区域时；相距过近或四目相对时；自己主动与他人联络时。

(2) 使用顺序：

服务人员先向服务对象问候；身份较低者先向身份较高者问候；当被问候者不只一人时：可以统一问候，也可以由尊向卑或者由近而远问候。

(3) 使用要求：

简练、规范。

(4) 分类：

问候用语分标准式问候、时效式问候两种形式。标准式问候用语是最常用的问候方式，如“你好”、“刘先生好”、“主任好”、“老师好”；时效式问候用语要加上特定的时间段，问候会更加生动，如“下午好”、“早上好”、“新年好”、“晚安”。

(二) 迎送用语

有迎有送，配套使用，有始有终。

(1) 欢迎用语。

如：“欢迎光临”、“恭候光临”、“欢迎您到来”、“见到您很高兴”、“王经理，欢迎”、“欢迎再次光临”……服务中使用欢迎用语要配合目光、微笑、鞠躬、握手等使用，与身体要配合协调，让旅客感受到自己的热情。

(2) 送别用语。

如：“再见”、“慢走”、“欢迎再来”、“一路平安”、“您走好”。但是在医疗、法院等特定的部门不适宜说“欢迎再来”。

(三) 请托用语

请求他人帮忙或托付他人代劳时的专项用语。请托分为三种形式：

(1) 标准式。如：“请”、“请稍候”、“请让一下”等。

(2) 求助式。如：“劳驾”、“拜托”、“打扰”、“借光”、“请关照”等。

(3) 组合式。“请您帮我一个忙”、“劳驾您替我扶一下这件东西”、“拜托您为这位大爷让一个座位”等。

(四) 致谢用语

致谢时态度要谦虚、真诚。致谢分三种形式：

(1) 标准式。如：“谢谢!”、“谢谢您”、“金先生，谢谢您”等。

(2) 加强式。如：“十分感谢”、“非常感谢”、“多谢”等。

(3) 具体式。如：“让您替我们费心了”、“上次给您添麻烦了”等。

(五) 征询用语

征询旅客的意见分为两种形式，在服务中要酌情使用，效果较为微妙。

(1) 封闭式：限定答案的范围，让旅客在一定范围中选择。如：“请问，您是需要咖啡还是果汁?”“您是不是先试试?”等。

(2) 开放式：让旅客随意选择，显得更尊重一些。如：“您觉得我们的服务怎么样?”“请问您需要什么?”等。

(六) 应答用语

服务礼仪中讲究“应答之声”，在与旅客的交流中，使用时要主动，多多益善。

（1）肯定式：“是的”、“好”、“随时为您效劳”、“我知道了”等；

（2）谦恭式：“这是我的荣幸”、“您太客气了”、“过奖了”、“请多多指教”等；

（3）谅解式：“不要紧”、“没关系”、“不必”、“我不会介意”等。

（七）赞赏用语

使用时宁缺毋滥，以创造愉快心情。

（1）评价式：“太好了”、“真不错”、“十分漂亮”、“对极了”等；

（2）认可式：“还是您懂行”、“真是您说的那么一回事”等；

（3）回应式：“哪里”、“我做得还不够”、“承蒙夸奖”、“真是不敢当”等。

（八）祝贺用语

（1）应酬式：“祝您成功”、“事业成功”等；

（2）节庆式：“新年好”、“生日快乐”等。

强调一下：对新加坡的旅客，忌使用“恭喜发财”；对轮椅旅客，要分情况“祝身体健康”，否则会引起旅客不满。

（九）推托用语

在解释原因或者回绝对方时，一定要讲究方式方法。如果语言得体、态度友好，往往可以逢凶化吉；反之，如果拒绝过于冰冷、生硬，如“不知道”、“不归我管”、“问别人去”、“爱找谁找谁去”，则令对方不快。

（1）道歉式：“对不起，不可以……”等；

（2）转移式：“您要不……”、“这件事我不是很清楚”、“我可以帮您问一下值班经理”等；

（3）解释式：“我们这里规定，不能……”等。

在服务过程中，忌使用直接的拒绝，应该尽最大可能，满足旅客的需求。如果的确需要拒绝，最好使用转移式、解释式推托用语。

（十）道歉用语

道歉时的态度一定要真诚。如：“抱歉”、“对不起”、“请原谅”、“失敬了”、“给您添麻烦了”、“对不起，请稍等，我帮您问一下”等。

小提示

在日常生活中，敬语有一些习惯用语。如：初次见面说“久仰”，很久不见说“久违”，祝贺喜事说“恭喜”，请人批评说“指教”，请人原谅说“包涵”，求人解惑说“赐教”，托人办事说“拜托”，等待客人说“恭候”，看望别人说“拜访”，宾客到了说“光临”，陪伴客人说“奉陪”，中途先走说“失陪”，求给方便说“借光”，请人勿送说“留步”，两人告别说“再见”。

三、服务忌语

不会说话的服务员

在某地一家饭店餐厅的午餐时间，来自中国台湾的旅游团在此用餐，当服务员发现一位70多岁的老人面前是空饭碗时，就轻步走上前，柔声说道："请问老先生，您还要饭吗？"那位先生摇了摇头。服务员又问道："那先生您完了吗？"只见那位老先生冷冷一笑，说："小姐，我今年70多岁了，自食其力，这辈子还没落到要饭吃的地步，怎么会要饭呢？我的身体还硬朗着呢，不会一下子完的。"

由此可见，由于服务员用词不合语法和规范，不注意对方的年龄，尽管出于好心，却在无意中伤害了客人，这不能怪客人敏感和多疑。在民航服务过程中，听旅客讲话时要专注，不要糊弄应付，打断、抢白旅客讲话；在交流过程中，不要只关注某个人，冷漠了其他人；忌使用粗俗的语言；忌讲关于个人隐私、低级的笑话、道听途说的内容；忌背后议论、出言不逊等。

小提示

民航服务礼貌用语案例

1. 问候用语：

"您好，有什么需要帮忙的吗'"

"先生，早上好，请出示您的飞机票和护照（或身份证）。"

2. 迎送用语：

"早上好，欢迎登机！"

"期待您再次乘坐××航空公司的航班！"

3. 请托用语：

过安检时，当行李被卡住，两种语言方式对比："过来，把行李搬一边去！"与"请稍候。"

4. 致谢用语：

"请您出示您的登机牌，谢谢。"

5. 征询用语：

"您打算预定什么位置的座位？"

"现在有靠过道的座位，您愿意靠前一些的还是靠后些的？"

"请问您的行李是托运到××（经停站），还是直接托运到××（终点站）？"

"对不起，先生。我能看看您的登机牌吗？"

6. 应答用语：

"好的，马上就去。"

"是，马上给您拿来。"

7. 赞赏用语：

旅客抱着小孩，面部很严肃．可夸奖小孩．用来缓和气氛。"小朋友，真可爱！"

8. 祝贺用语：

"祝您旅途愉快！"

9. 推托用语：

“这个问题请您到××部门询问，办公室在……”

“对不起，请您稍等，我已经反映了问题. 领导正在想办法解决。”

“由于机票没有确认给您带来许多抱歉，有关订座确认的规定是……”

10. 道歉用语：

“对不起，我不太清楚，我马上查询一下。”

“对不起，让您久等了。”

学生拓展活动

1. “五言十字”礼貌用语训练：

学生结合身体姿态动作练习“五言十字”礼貌用语，即“您好”、“谢谢”、“请”、“对不起”、“再见”。

要求：态度认真、诚恳、真诚；吐字清晰；姿态规范。

2. 练习使用礼貌用语：

即“每人一句”练习方法。要求每位学生依次说出一句礼貌用语，快速反应，发音、姿态准确。

3. 情境训练：

学生设计不同的民航服务情境进行礼貌用语训练。如问询服务、值机柜台服务（座位核实、行李问题、旅客特殊要求等）、引导服务、候机休息室服务、特殊旅客服务等。要求在服务过程中使用十种礼貌用语。

评价

学生分为 3 人一组，服务组根据民航工作情境进行礼貌用语训练，教师与旅客组学生进行评价，见表 4—1。

表 4—1　　礼貌用语评价表

组别	礼貌用语													分数
	问候 2分	迎送 2分	推托 2分	道歉 2分	请托 2分	致谢 2分	征询 2分	应答 2分	祝贺 2分	赞赏 2分	姿态表情 10分	语音语气 10分	语言技巧 10分	
1														
2														
3														
4														

评价分数：满分 50 分。40 分以上为优秀、30 分以上为合格、30 分以下为不合格。

第三节　称呼用语

案例

为难的称呼

朱小艳进入一家新的单位，领导带她熟悉周围环境，并介绍给部门的老同事认识。她非常恭敬地称对方为老师，大多数同事都欣然接受。当领导把她带到另一位同事面前，并告诉小艳以后就跟着这位同事学习，有什么不懂的就请教她时，小艳更加恭敬地称对方为老师。这位同事连忙摇头说："大家都是同事，别那么客气，直接叫我名字就行了。"小艳仔细想想，觉得叫老师显得太生疏，但是直接叫名字又觉得不尊敬，不知道该怎么称呼对方比较合理。

思考·讨论

请你给朱小艳出出主意，她该怎么称呼年长一些的同事呢？

在案例中，正确答案是这样的：新员工刚到单位时，不能随便以自己的想法来称呼对方，对难以把握的称呼，可以先询问对方，比如，"请问该怎么称呼您?"不知者不为怪，对方都会把通常同事对自己的称呼告诉你。案例中，对方要求小艳直呼姓名，只是客套话，作为一位新人，最好不要直呼其名，可以礼貌地询问对方。在工作中，过分亲昵和过分生疏的称呼都是不提倡的。因此，我们要把握好称呼这门学问，做一位有礼貌的员工。

称呼指的是人们在日常交往中，所采用的彼此之间的称谓语。称呼语是交际语言中的先锋官，在人际交往中，选择正确、适当的称呼，反映着自身的教养、对对方尊敬的程度，甚至还体现着双方关系发展所达到的程度和社会风尚。因此，选择称呼要合乎常规，要照顾被称呼者的个人习惯，入乡随俗。在工作岗位上，人们彼此之间的称呼有其特殊性，要做到庄重、正式、规范。

一、称呼的原则

（一）礼貌原则

在称呼别人时，要讲究礼貌，常用的尊称有"您"、"贵"、"贤"、"尊"。

（二）尊崇原则

对职位比较高的同事或前辈，在称呼时，要体现自己对对方的尊敬。

（三）恰当原则

对对方的称呼，要恰当。比如，对司机、厨师称师傅可以，但对医生、教师称师傅就不恰当了。

（四）主次原则

称呼时要由尊而卑，即先长后幼，先女后男，先上后下，先疏后亲。集体称呼也可以由近而远。

二、称呼的分类

称呼分为工作中的称呼和生活中的称呼。

（一）工作中的称呼

1. 职务性称呼

以交往对象的职务相称，以示对对方的尊敬，如：经理、科长等。适用于极其正式的场合。具体称呼方法可称职务，或在职务前加上姓氏、在职务前加上姓名。

2. 职称性称呼

如果对方具有职称，可以直接以其职称相称。如老师、律师等。具体称呼方法可只称职称，或在职称前加上姓氏、在职称前加上姓名。

3. 性别性称呼

对从事服务性行业的人，一般可按其性别称呼"小姐"、"女士"或"先生"。"小姐"是称未婚女性，在某些场合要慎用。可以加上姓氏，如"王小姐"。"女士"是对成年女性的称呼。

4. 姓名性称呼

在工作岗位上称呼姓名，一般限于同事、熟人之间，适用于一般工作场合。具体称呼方法是直呼其名或只呼其姓，加"小"、"老"等字，或只称其名，不呼其姓。

（二）生活中的称呼

生活中的称呼较为随意，除了叔叔、阿姨以外，可以称呼昵称、爱称等，但一定要注意场合，有不太熟悉的人在场时，称呼还是较正式为好。在工作中，不要使用生活中的称呼。

在民航服务工作中，会遇到不同的旅客，在称呼时，要根据旅客的身份有所区别。一般称呼为"先生"、"女士"、"小姐"等，也可根据实际情况称呼"老伯伯"、"老奶奶"等，以表示对旅客的亲近，像家人一样，这是提高服务质量的技巧。对佛教人士，可称为"师傅"。

小提示

不同国家姓名的组成顺序有所不同，具体见表4—2。

表4—2　　不同国家姓名组成顺序

国家	姓名排列顺序
中国	通常是：姓 ＋ 名，如：张（姓）艳（名） 港澳台地区，女性结婚后，其姓往往是双份的，即夫姓 ＋ 自己的姓，称呼时以夫姓为准。如：范（夫姓）徐（妻姓）丽泰
俄罗斯	其姓名一般由三个字节组成，本人名字 ＋ 父亲名字 ＋ 家族姓 如：列夫·尼古拉耶维奇·托尔斯泰
日本	姓 ＋ 名，如：小野丽莎
英美	名 ＋ 姓，如：George Bush（乔治·布什）

三、称呼的禁忌

案例

有一位先生为一位外国朋友订做生日蛋糕。他来到一家酒店的餐厅，对服务小姐说："小姐，您好，我要为我的一位外国朋友订一份生日蛋糕，同时打一份贺卡，你看可以吗？"小姐接过订单一看，忙说："对不起，请问先生，您的朋友是小姐还是太太？"这位先生也不清楚这位外国朋友结婚没有，从来没有打听过，他为难地抓了抓后脑勺想想说："小姐，太太？一大把岁数了，太太。"生日蛋糕做好后，服务员按地址到酒店客房送生日蛋糕，一女子开门，服务员有礼貌地说："请问，您是怀特太太吗？"女子愣了愣，不高兴地说："错了！"服务员丈二和尚摸不着头脑，抬头看看门牌号，再回去打电话问那位先生，没错，房间号码没错。再敲一遍，开门："没错，怀特太太，这是您的蛋糕。"那女子大声说："告诉你错了，这里只有怀特小姐，没有怀特太太。""啪"一声，门被用力关上，蛋糕掉地。

这个故事，就是因为错误的称呼所造成的。在西方，特别是女子，很重视正确的称呼。如果搞错了，引起对方的不快，往往好事变成坏事。

（一）忌使用错误的称呼

常见的错误称呼一般是误读或误会。误读是念错对方的姓氏，这样是很不礼貌的。为了避免这种情况发生，可以事先问好别人，或者当面请教。误会是对对方的情况不了解，做出错误的判断。

（二）忌使用不通行的称呼

有些称呼，具有一定的地域性。比如山东人喜欢称呼"伙计"，但南方人认为"伙计"肯定是"打工仔"。中国人经常把配偶称为"爱人"，在外国人的意识里，"爱人"是"第三者"的意思。所以，要入乡随俗，在哪里工作，就遵从哪里的习惯。

（三）忌使用不当的称呼

对对方的称呼要谨慎、恰当。如果对方是公司的董事长，而称其为"经理"，就会贬低对方的地位，这是很无礼的。

（四）忌使用庸俗的称呼

有些称呼在正式场合不适合使用。如“兄弟”、“哥们儿”等一类的称呼，虽然听起来亲切，但显得档次不高。

（五）忌称呼外号

对于关系一般的，不要自作主张给对方起外号，更不能用听来的外号去称呼对方。也不能随便拿别人的姓名开玩笑。

小提示

民航服务行业问候称呼规定

问候旅客应使用敬语，如女旅客可称“女士”或“小姐”；男旅客一般称“先生”；问候有身份的旅客，可在其姓氏后加注职业，如“王医生”、“李博士”、“赵教授”、“慧能法师”等；问候年老旅客，可为“老伯伯、您好”、“老先生，您好”或“老奶奶，您好”等。

学生拓展活动

1. 查找相关“交谈六不谈”、“交谈四宜谈”、“倾听”等语言方面的礼仪资料，同学之间互相交流。

交谈不宜谈的话题：

____。

交谈适宜谈的话题：

____。

2. 语言交流训练：

两人一组，就某一话题（体育、科技、实事、时尚等），进行语言交流训练。

要求：交谈时间为3～4分钟，谈话中涉及称呼、礼貌用语。语言表达清楚、口齿清晰。

3. 情境语言训练：

（1）一对老年的教授夫妇走进机舱，他们红光满面，精神矍铄，正要去外地度假。请以3人为一小组，轮流演示应当如何向教授夫妇打招呼。

（2）王先生是一位成功的商务人士，经常来往于北京和上海之间，与机组乘务人员非常熟悉。这一天，已经是晚上10：00了，王先生一脸疲惫地登上了由北京飞往上海的航班。两人一组演示，乘务人员应当如何与王先生打招呼。

4. 学生2～3人一组，自行设计民航服务情境，进行语言礼仪规范训练。

要求：运用本章语言礼仪规范知识，与旅客交流，帮助旅客解决出现的问题。

评价

情境语言训练，由教师与观摩学生一起评价，见表 4—3。

表 4—3　评价项目

礼貌用语	称呼	语言运用	姿态、表情	语言效果

分为 3、2、1 分三个等次，3 分为完美、2 分为一般、1 分为有瑕疵。15 分为满分，12 分以上为优秀，7～11 分为良好，6 分以下为不合格。

第五章

民航服务人员电话礼仪

学习目标

1. 了解和掌握公务电话通话礼仪规范；
2. 模拟通话训练，锻炼应变能力和处理突发问题的能力；
3. 培养良好的服务意识及协作精神。

仔细倾听和妥帖应答是我们在谈话艺术上所可能达到的最完美境界。

——拉罗什富科

打电话时，可以说是声为其人。特别是电话通过只闻其声的交流，更可以考察一个人。因此，应特别注意措辞及说话方式。要注意语调和缓、明朗，给人一种亲切感，同时说话要清晰、明确、微笑表达。

工作情境任务

旅客就航班信息、机票情况致电航空公司客服进行问询，客服人员进行回复。

思考·讨论

观摩情境训练的同学，找出航空公司客服角色演示同学在拨打、接听电话过程中的优点与不足，总结拨打、接听电话的正确方法及规范。

第一节 拨打、接听公务电话礼仪

案例

案例一：是个男的

“喂，王姐，你的电话，是个男的。”小赵接了一个电话，大声地招呼王姐过去接电话。整个办公室的人都听到了有个男的找王姐，大家都抬起头来看着王姐。王姐非常不好意思地过去接电话。

案例二：刨根问底

“请问，李先生在吗？”李先生的爱人听到电话里一个年轻女士的声音找自己的爱人，立刻提高警觉：“你是谁啊？哪个单位的？你找他有什么事吗？你怎么知道我们家电话的？”打电话的女士一听对方爱人刨根问底，而且觉得这种问话方式简直是在污辱自己，她马上说：“没什么事，不用找了！”

案例三：小道消息

小丽接到一个电话：“帮我叫一下小飞。”小丽听出是局长的声音，她赶紧把小飞叫来，自己就在不远处竖起耳朵听电话，她听到小飞说：“好，我马上去您办公室。”小飞匆匆走了。小丽立即跑到张大姐那里：“张大姐，局长叫小飞去一趟，一定是他那天喝醉酒打人的事被局长知道了，这还不得严厉处分，弄不好开除呢。”过了几天，单位里都在传小飞喝醉酒打人被局长狠狠批评了。

思考·讨论

以上案例，都存在着不妥之处，你认为正确的做法是什么？在通话过程中，还应该注意什么礼仪规范？

一、拨打电话礼仪

有备而打、慎选时间；牢记步骤、注意举止；兼顾有序、反复核实。

（一）拨打电话三要素

1. 时间要素

公务电话拨打的时间应该在上班时间，即工作日 8:00～17:00，如果有急事，要表示抱歉；国际电话要考虑时差问题；一般事务性通话，通话时间最好不要超过 3 分钟，即通话三分钟原则。

2. 空间要素

电话周围有 4 平方米内的敏感区。电话敏感度良好，可以把方圆 4 平方米的声音传送到对方那里，因此，要尽量使周围的人安静下来。打电话时，若要和旁边的人说话，要用手掌盖住话筒，注意不要让通话方听见。

3. 态度要素

电话有“只闻声不见人”的特性，通话时发出的声音会传达出不同的情绪，航空公司的客服人员通话时，声音要甜美、亲切，表述要清楚、有条理。与旅客通话时，客服人员一定要具有服务意识，表现出专业、耐心，保持良好的服务态度，千万不要大喊大叫，或消极对待。对旅客所提出的具体问题，应及时上报，予以落实。

除此以外，固定电话通话时，拿电话的位置也会影响电话中传来声音的效果。拿电话正确的方法是，使受话口紧贴耳朵，送话口正对着唇部，送话器与嘴之间的距离为一拳左右。打电话时还要注意姿态端正。

（二）拨打公务电话的流程及规范

拨打公务电话的流程及规范见图 5—1。

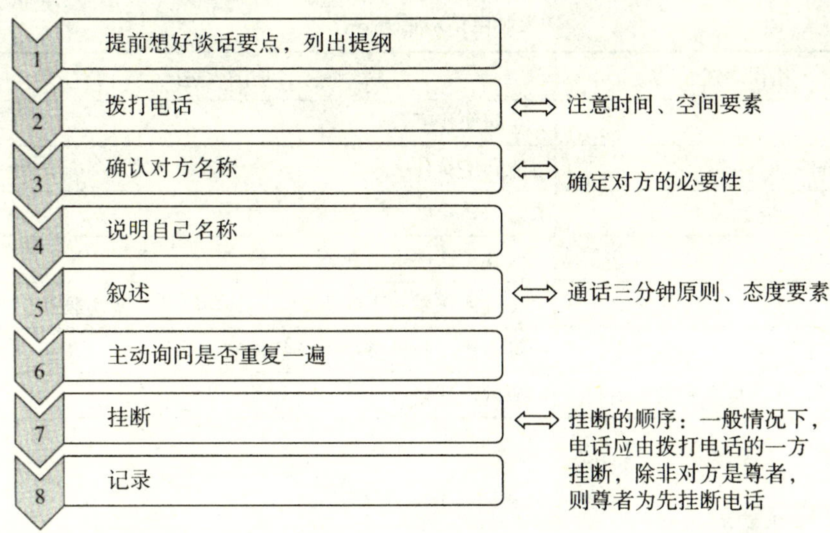

图 5—1　拨打公务电话的流程及规范

二、接听电话礼仪

来电必接、接电及时；礼貌热情、善始善终；长话短说、适可而止。

（一）接听电话原则

1. 铃响不过三声原则

接电话时不宜让对方等的时间过长，大约在铃响 3 声之前，即响 3～5 秒钟接听电话为宜，如果铃响时间过长接听电话，要首先表示歉意。

2. “5W1H” 原则

作为公务电话，要做记录。记录的方法要遵循 “5W1H” 原则，才清楚整齐，即 who、when、where、what、why、how。

（二）接听电话流程及规范

接听电话流程及规范见图 5—2。

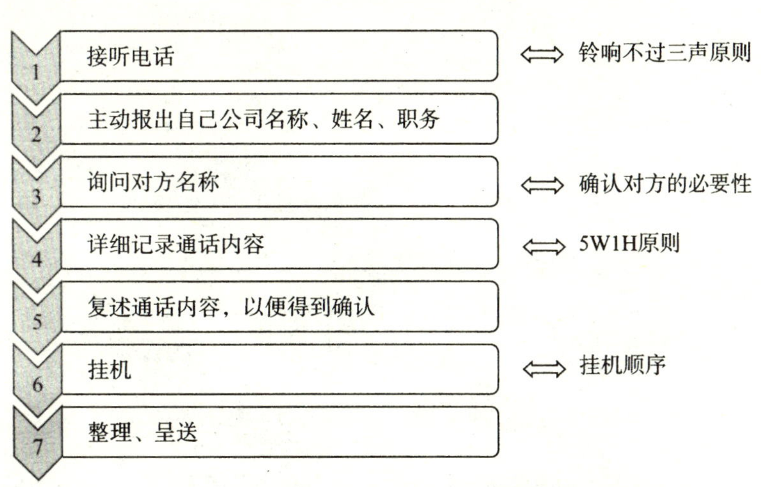

图 5—2　接听电话的流程及规范

以上是基本的公务电话通话流程，然

而在实际通话中，具有互动性的特点，客服人员要在此基础上灵活掌握和运用。接听电话对话方式比较见表 5—1。

表 5—1　　接听电话对话方式比较

错误表述	正确表述
“你找谁?”	“请问您找哪位?”
“有什么事?”	“请问您有什么事?”
“你是谁?”	“请问您贵姓?”
“不知道!”	“抱歉，这件事情我不太了解。”
“我问过了，他不在!”	“我再帮您看一下，抱歉，他还没回来，您方便留言吗?”
“没这个人!”	“对不起，我再查一下，您还有其他信息可以提示一下我吗?”
“你等一下，我要接个别的电话!”	“抱歉，请稍等。”

学生拓展活动

1. 电话礼貌用语运用：练习拨打、接听电话的礼貌用语；
2. 电话流程语言训练：两人一组，根据电话流程进行训练；
3. 电话礼仪民航工作情境练习：

结合图 5—3，自己设计情境：航班查询、客票代理、旅客投诉等，以民航服务相关知识作为主要通话内容练习公务电话。要求遵循公务电话礼仪规范。

业务类型	业务应用实例
自动语音呼入业务	航班查询 电子客票预定 普通机票预定 航班到达延误查询 常旅客客户信息查询 常旅客里程兑换 酒店预定
人工语音呼入业务	普通业务咨询 常旅客业务咨询 机票预定 机票更改 投诉，举报、建议
Wed人工呼入服务	普通业务咨询 常旅客业务咨询 机票预定 机票更改 投诉，举报、建议
智能语音外呼业务	航班延误信息发布 打折优惠信息发布 常旅客活动信息发布
SMS批量外发业务	航班延误信息发布

图 5—3　航空公司客服业务

评价

查阅相关资料，了解航空公司客服中心运营情况，记录在表 5—2 中。

表 5—2　　航空公司客服中心运营情况

航空公司名称	客服号码	客服中心情况简要介绍

第二节　电话通话突发状况及对策

案例

维修电话

一位消费者新买的某品牌电脑出现故障。她忘了该电脑的维修电话，于是从查号台问到该公司电话后打了过去。一位小姐接了电话，犹豫几秒钟后说道：“我帮你找人来说，你稍等。”谁知这一等就是好几分钟，这位消费者能听到办公室嘈杂的声音，但就是没人再接电话，那位小姐好像也不知去向。她非常生气，从此对这个品牌的印象大打折扣。

工作情境任务

学生模拟通话过程中突然另一部电话打进，马上应对。

思考·讨论

说一说，在实际电话通话中，会出现什么样的突发状况？讨论，如何应对才符合礼仪规范。

小提示

状况一：有电话打进，你来接听，而找的对方恰好不在。

对策：

1. 请问您有急事吗？是否可以十分钟以后再打来？

2. 您方便留下您的电话及姓名吗？我会通知××，他/她会尽快给您回复。

3. 您方便留言吗？我会转达给××。

4. 如果对方要求受话人的手机号码，一定先问清对方身份，对无关人员，不要留私人手机号码。

状况二：接到领导不愿接的电话。

对策：可以灵活、礼貌地拒绝。

状况三：接到一些令人困惑的电话。

对策：询问清楚，代为总结。

状况四：对方怒气冲天的时候。

对策：应耐心聆听、细心劝说、委婉解释，并向其表示歉意或谢意，不可与发话人争辩。

（图片来源：http：//image. baidu. com。）

状况五：对方喋喋不休的时候。

对策：代为总结，继而询问下一步。

状况六：线路突然中断。

对策：原则上由主动打电话一方负责重拨、道歉。

状况七：对方谈话谈不到点子上。

对策：归纳总结，稍加引导。

状况八：拨错号。

对策：自己拨错要及时道歉；别人拨错时避免斥责，礼貌告知对方拨错电话。

状况九：通话时受到干扰。

对策：不可同时交谈，先后次序为主，考虑对方身份或以见面者为主。

状况十：被问及隐私、机密问题。

对策：婉言拒绝。

状况十一：对方来电，需要查找资料时。

对策：如果需要较长时间，最好先挂断，稍后再回复，避免对方的电话等待。

学生拓展活动

两人一组练习。在电话礼仪情境练习的过程中，教师安排突发状况，考察学生的反应能力及处理问题的能力。

评价

在学生民航工作情境通话练习的过程中，教师与观摩同学一起评价，见表5—3。

表5—3　评价项目

	拨打一方	接听一方
通话姿态		
通话语言		
通话态度		
通话方式		
状况处理		

分为 3、2、1 分三个等次，3 分为完美，2 分为一般，1 分为有瑕疵。30 分为满分，24 分以上为优秀，14～23 分为良好，14 分以下为不合格。

第三节　移动电话礼仪

该开则开、该关则关；放置到位、巧用短信；遵纪守法、安全第一。

一、佩戴位置

按照惯例，外出随身携带手机的最佳位置有二：一是公文包里，二是上衣口袋之内。在穿套装、套裙时，切勿将其挂在衣内的腰带上。

二、限制使用

（1）在公共场所活动、参加会议、倾听音乐会、观看体育赛事等需要安静的场合，尽量不要使用手机。当其处于待机状态时，应调至静音或振动。

（2）在驾驶车辆时，不宜使用手机通话。

（3）乘坐客机时，必须自觉关闭本人随身携带的手机，其所发出的电子信号会干扰飞机的导航系统。

（4）在加油站或医院停留期间，不准开启手机。否则，有可能酿成火灾，或影响医疗仪器设备的正常使用。

（5）在一切标有文字或图标禁用手机的地方，均须遵守规定。

三、礼仪提示

（1）使用手机的主要目的是保证自己与外界的联络畅通无阻，如有来电，须尽快回复。

（2）用手机通话时，注意对周围人的影响，不要高谈阔论，大呼小叫。

（3）通信属于个人私事和个人秘密，使用手机时应予以重视。出于自我保护和防止他人盗机、盗号等多方面的考虑，通常不宜随意将本人的手机借与他人使用，或者前往不正规的维修点进行检修。考虑到相同的原因，随意借用别人的手机也是不适当的。

（4）不宜将自己的手机号码随便告知他人，更不应当不负责任地将别人的手机号码转告他人。

（5）工作期间，不允许接听、拨打私人电话。

学生拓展活动

飞机马上就要起飞，有旅客仍然在使用移动电话，应该怎么办？

提示：乘务员应注意说话的方式、语气、表情。

第六章

民航服务空间礼仪

学习目标

1. 了解服务空间的距离运用；
2. 运用空间礼仪知识进行旅客服务；
3. 提高与人交往能力及观察能力。

就一般而言，交往双方的人际关系以及所处情境决定着相互间自我空间的范围。

——爱德华·霍尔

相互交往时空间距离的远近，是交往双方是否亲近、是否喜欢、是否友好的重要标志。因此，人们在交往时，选择正确的距离至关重要。

情景链接

距离实验

一位心理学家做过这样一个实验。在一个刚刚开门的大阅览室里，当里面只有一位读者时，心理学家就进去拿椅子坐在他或她的旁边。实验进行了整整80人次。结果证明，在一个只有两位读者的空旷的阅览室里，没有一个被试者能够忍受一个陌生人紧挨自己坐下。在心理学家坐在他们身边后，被试者不知道这是在做实验，更多的人很快就默默地远离到别处坐下，有人则干脆明确表示："你想干什么?"

这个实验说明了人与人之间需要保持一定的空间距离。任何一个人，都需要在自己的周围有一个自己能够把握的自我空间，它就像一个无形的"气泡"一样为自己"割据"一定的"领域"。而这个自我空间被人触犯就会感到不舒服、不安全，甚至恼怒。

思考·讨论

在我们服务过程中，不同的情境下与旅客保持什么样的距离较为合适？

第一节 空间距离分类

就服务人员来说，在自己的工作岗位上所需要与服务对象彼此保持的常规的人际距离，大致可分为五种，见图6—1。

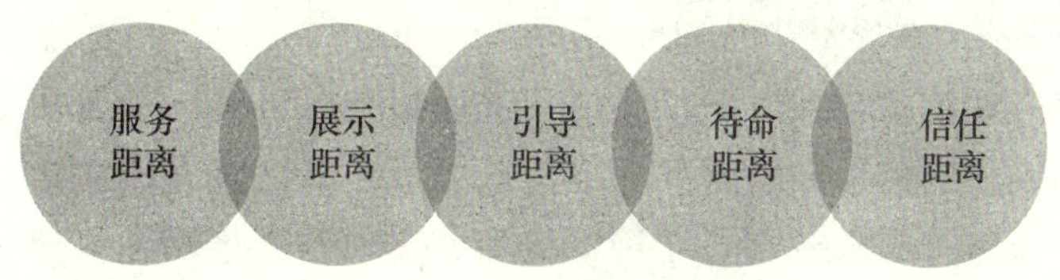

图6—1 空间距离分类

一、服务距离

服务距离即服务人员与服务对象之间所保持的一种最常规的距离。主要适用于服务人员应服务对象的要求，为对方直接提供服务之时。一般情况下，服务距离以0.5～1.5米为宜。具体的服务距离还应根据服务的具体情况而定。

二、展示距离

展示是服务距离的一种较为特殊的情况。展示距离即服务人员需要在服务对象面前进行操作示范，以便使后者对服务项目有更直观、更充分、更细致的了解。展示距离以1～3米为宜。

三、引导距离

引导距离即服务人员为服务对象带路时彼此之间的距离。据惯例，服务人员行进在服务对象左前方1.5米左右最合适。

四、待命距离

待命距离特指服务人员在服务对象尚未传唤自己、要求自己提供服务时，需要与对方自觉保持的距离。正常情况下，应当在3米以外。只要服务对象视线所及即可。

五、信任距离

信任距离即服务人员为了表达自己对服务对象的信任，同时使对方对服务的浏览、斟酌、选择或体验更为专心而采取的一种距离。即离开对方而去，在对方的视线中消失。但采取这种距离时，应注意两点：一是不要躲在附近，似乎在暗中监视；二是不要去而不返，令服务对象在需要服务时找不到人。

第二节 空间距离感差异

人际交往的空间距离不是固定不变的，它具有一定的伸缩性，这依赖于具体情境，如交谈双方的关系、社会地位、文化背景、性格特征、心境等。不同国家、不同民族，不同文化背景，其交往距离也不同。这种差距是人们对“自我”的理解不同造成的。

一、不同民族、国家的距离感差异

例如，北美人理解“自我”包括皮肤、衣服以及体外几十厘米的空间，而阿拉伯人的“自我”则仅限于心灵，他们甚至把皮肤当成身外之物，因此，交往时，往往出现阿拉伯人步步逼近，总嫌对方过于冷淡；而北美人却连连后退，接受不了对方的过度亲热。同是欧洲人，交往时，法国人喜欢保持近距离，乃至呼气也能喷到对方脸上，而英国人会感到很不习惯，步步退让，维持适合于自己的空间范围。

二、不同社会地位的距离感差异

社会地位不同，交往的自我空间距离也有差异。一般说来，有权力、有地位的人对个人空间的需求相应会大一些。我国古代的皇帝，坐在高高的龙椅上，与大臣们拉开了较大的距离，独占较大的空间，大臣们在皇帝面前均要弯腰低头，眼睛不能直视皇帝，退朝时还要背朝外出。所有这些，都表现了皇帝至高无上的权力与地位。当人们接触到有权力、有地位的人时，不敢贸然挨着他坐，而是尽量坐到远一点儿的地方，这都是为了避免其因被侵犯自我空间而生气。

三、不同性格的距离感差异

例如，性格开朗、喜欢交往的人更乐意接近别人，也较容易容忍别人的靠近，其自我空间较小。而性格内向、孤僻自守的人不愿主动接近别人，宁愿把自己孤立封闭起来，对靠近自己的人十分敏感，其自我空间受到侵占，最易产生不舒服感和焦虑感。此外，人们对自我空间的需要也会随具体情境的变化而变化。

（图片来源：http：//image. baidu. com。）

四、不同情境的距离感差异

例如，在拥挤的公共汽车上，人们无法考虑自我空间，因而也就容忍别人靠得很近，这时已没有亲密距离还是公众距离的界限，自我空间很小，彼此间不得不通过躲避别人的视线和呼吸来表示与别人的距离。然而，若在较为空旷的公共场合，人们的空间距离就会扩大，如公园休息亭和较空的餐馆，别人毫无理由地挨着自己坐下，就会引起怀疑和不自然的感觉。所以，人们有时会试图通过选择适当的位置来独占一块公共领地。如在公园休息亭，如果你想阻止别人和你同坐一条长凳，那么从一开始你就要坐在长凳的中间，这就会给人一种印象，似乎凳子比较短，这样你就能成功地在一段时间里独占这条凳子。

我们了解了交往中人们所需的自我空间及适当的交往距离，就能有意识地在民航服务过程中选择与旅客交往的最佳距离，而且，通过空间距离的信息，还可以很好地了解一个人实际的社会地位、性格以及人们之间的相互关系，更好地进行人际交往，这是提高服务质量的技巧。

学生拓展活动

1. 两名同学，相对而立，体会不同距离的心理感受。

2. 空间距离服务练习：

（1）将不同角色的旅客，写在小纸条上，折好。

（2）设计服务情境，进行茶水服务。要求服务距离正确，上茶动作正确，并做简单交流。

（3）其他同学在纸上根据角色写出最佳服务距离。

由旅客对服务人员的服务空间礼仪规范进行评价。

3. 在社交礼仪中，与人交往的空间与服务空间有些不同，请你查找相关资料，了解社交礼仪中空间礼仪规范，并简单记录：

____

____

____。

第七章 民航服务人员外事礼仪

学习目标

1. 了解民航服务人员相关外事礼仪常识；
2. 掌握为外宾服务的礼仪规范；
3. 增强国际交往能力，培养爱国热情，树立尊重意识。

有朋自远方来，不亦乐乎。

——孔子

孔子有道：“礼者，敬人。”所谓外事礼仪，即人们在其涉外交往中用以维护自尊，及尊重其交往对象的一系列行为规范。依照中国古代典籍《素书》的说法：“礼者，人之所履。不安于理，便多乖违之象，故以安礼结之。治身、治家、治智，舍此不可。”所谓人同此心、事皆此理，当前，人与人之间进行国内交往必须遵守礼仪规范，进行国际交往也应有其礼仪规范可以遵循。

案例

牛皮沙发

在一次印度官方代表团前来我国某城市进行友好访问时，为了表示我方的诚意，有关方面做了积极准备，就连印度代表下榻的饭店里也专门换上了宽大、舒适的牛皮沙发。可是，在我方的外事官员事先进行例行检查时，这些崭新的牛皮沙发却被责令立即撤换掉。原来，印度人大多信奉印度教，而印度教是敬牛、爱牛、奉牛为神的，因此，无论如何都不应该请印度人坐牛皮沙发。

这个事例表明，在民航服务过程中，服务人员很有必要掌握一些外事礼仪相关知识。

根据惯例，在外事交往中，每个人都必须时时刻刻注意维护自己的形象，特别是在正式场合留给初次见面的外国友人的第一形象。懂得国际礼仪，不但是民航服务工作、日常生活的需要，也是一个人文明素质的体现，能增进友谊，顺利开展对外活动。

第一节　礼宾次序

国际交际中的礼宾次序非常重要，在国际礼仪活动中，如安排不当或不符合国际惯例，就会招致非议，甚至引起争议和交涉，影响国与国之间的关系。在礼宾次序安排时，既要做到大体上平等，又要考虑到国家关系，以及活动的性质、内容、参加活动成员的威望、资历、年龄，甚至其宗教信仰、所从事的专业、当地风俗等。一般按以下三种方式排列：

第一种，按身份与职务高低排列。

第二种，按字母顺序排列（中国按姓氏笔画排列）。

第三种，按抵达活动地点的时间排列。

礼宾次序不是教条，不能生搬硬套，要灵活运用、见机行事。有时由于时间紧迫，无法从容安排，只能照顾到主要人员。

第二节　国旗悬挂

情景链接

父亲的愿望

离国庆还有一个礼拜，父亲执意要去北京。父亲这位曾经体格健壮的军人，现在脾气暴躁、体弱多病，说他年轻时到过北京，并和另外两名战友参加过当年的国庆庆典。父亲说起这段历史时，一脸自豪。

到了北京，我向父亲介绍北京的景点，有很多地方都值得一观，但父亲哪都不想去。在旅馆安顿下来后，父亲说："早点休息，明天是国庆节，我们要起早。"

睡得迷迷糊糊时，听到父亲在敲门："快点起来，我们去天安门。"我慢慢地穿衣起床，父亲在催我。

我们到达天安门广场时，广场前已经聚集了很多人。父亲生气了，像小孩子一样责怪我："都怪你，都怪你，看，起来晚了，害我没能占个好位置。"旁边一位和父亲年龄相仿的老者，问父亲是不是退伍军人。听到军人的称呼，父亲变得很高兴，一连声地回答着："是的，是的。"老者又问起父亲哪年入的伍，是什么兵种。两位老人越聊越开心。老者告诉父亲，他也是一名老兵，这天特意从山东跑来北京，就是为了观看升旗仪式。父亲握着老者的手，激动地说："我也是啊，我从深圳来，我来北京的目的，和你一样，是来看升旗的……"直到这时，我才知道，父亲来北京，不是为了北京的风光，而是来看升旗。

当国旗护卫队步入现场，天安门广场响起庄严肃穆的音乐时，全场立刻安静下来。国歌响起来，国旗缓缓上升。父亲随着音乐，唱着国歌。神情严肃，却又是愉悦的。国旗升起来，父亲挥起那有力的大手，认真地朝着国旗敬了一个军礼。

思考·讨论

国旗对我们意味着什么？我们应该用什么样的心情与态度参加升旗仪式？应该用什么样的行动热爱我们的祖国？

国旗是国家的象征和标志，是由国家法律规定的具有一定形式和格式的旗帜。按照国际关系准则，一国元首、政府首脑到他国领土访问，其住所及主要交通工具上悬挂本国国旗是一种外交特权。作为一种礼遇，东道国接待来访的外国元首或政府首脑时，可在隆重场合，如在贵宾下榻的宾馆、乘坐的汽车上，悬挂对方的国旗。国际上公认，一个国家的外交代表在接受国境内有权在其办公处和官邸，以及交通工具上悬挂本国国旗。有些展览会、体育比赛等国际性活动，也往往悬挂有关国家的国旗。

在建筑物上或室外悬挂国旗，一般应日出升旗，日落降旗。如遇特殊情况，需悬旗志哀时，可先将国旗升至杆顶，然后再下降至离地面约杆长的 1/3 处。日落降旗时，也应将旗升至杆顶，然后再降下。按照国际惯例，在悬挂双方国旗时，以右为上，左为下。两国国旗并排，以旗身面向为准，右挂客方国旗，左挂本国国旗。汽车上挂国旗时，以汽车行进方向为准，驾驶员左手为主方，右手为客方。所谓主客，以举办活动的主人为依据，而不是以举行活动的所在国为依据。多面国旗并挂，主方在最后，如属国际会议，无主客之分，则按规定的礼宾顺序排列。

国旗的几种悬挂方法见图 7—1 至图 7—5。

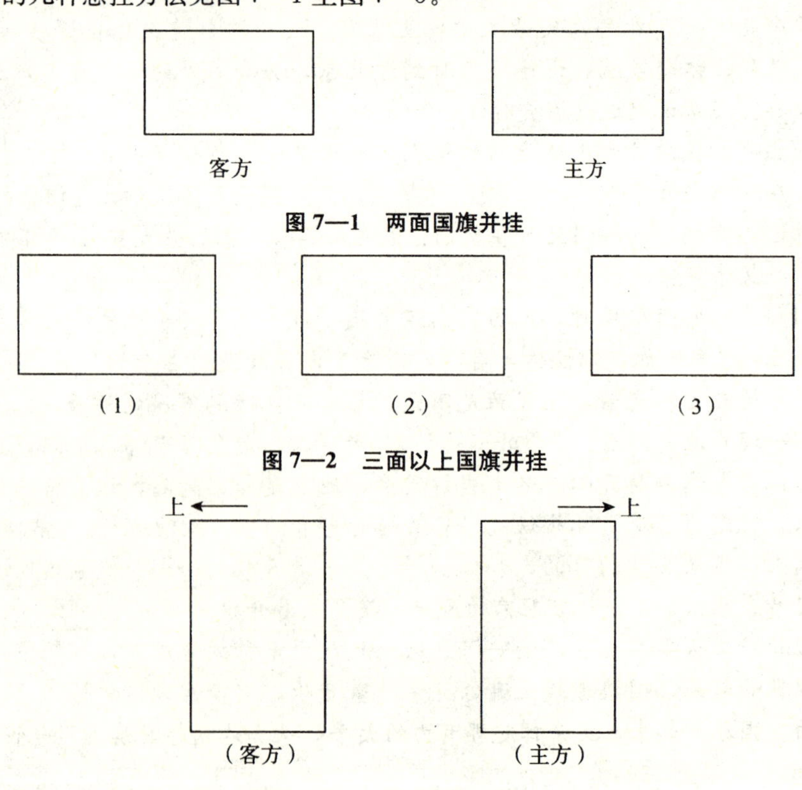

图 7—1　两面国旗并挂

图 7—2　三面以上国旗并挂

图 7—3　并列悬挂

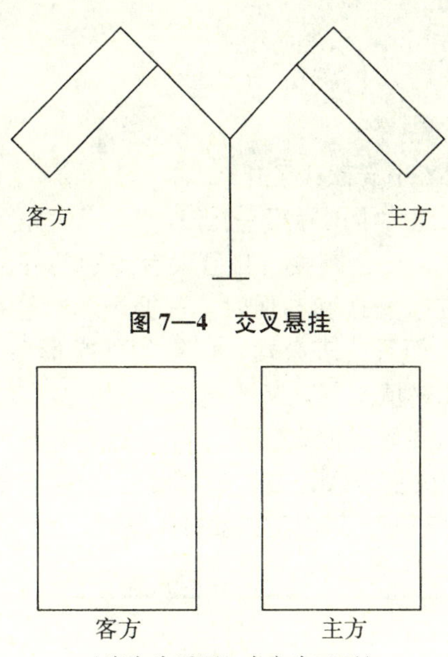

图 7—4　交叉悬挂

（客方为反面，主方为正面）

图 7—5　竖挂

国旗不能倒挂，一些国家的国旗由于文字和图案的原因，也不能竖挂和反挂。有些国家甚至明文规定，凡竖挂则需另行制作国旗，将图案转正。正式场合悬挂国旗要使正面面对观众（以旗套的右边为准）。如把两面国旗挂在墙上，应避免采用交叉挂法或竖挂法。

各国国旗的式样、图案、颜色、尺寸、比例都是按照各国宪法中的有关规定制作的。由于不同国家的国旗比例不同，两面旗帜悬挂在一起时，一大一小会显得很不协调。因此，在并列悬挂比例不同的国旗时，应注意事先将其中一面适当放大或缩小，以使人们在视觉上感觉对称、相当。

第三节　与不同国籍友人交往礼仪规范

案例

小贺迎宾

一个秋高气爽的日子，迎宾员小贺着一身剪裁得体的新制服，第一次独立地走上了迎宾员的岗位。一辆白色高级轿车向饭店驶来，停靠在饭店豪华大转门的雨棚下。小贺看到后排坐着两位男士、前排副驾驶座上坐着一位身材较高的外国女宾。小贺一步上前，以优雅姿态和职业性动作，先为后排客人打开车门，做好护顶关好车门后，小贺迅速走向前门，准备以同样的礼仪迎接那位女宾下车，但那位女宾满脸不悦，使小贺不知所措。通常后排座为上座，一般凡有身份者皆在此就座，小贺先为他们打开车门，有什么不对吗？

思考·讨论

这位女外宾为什么不悦？小贺做错了什么？

原来案例中小贺的做法违背了国际第一礼俗："女士优先"原则。

与文化背景、风俗习惯、社会制度与自己大有差别的外国人交朋友，一条行之有效的原则，就是在与对方进行交往和沟通时，遵循国际社会中约定俗成的交际惯例，不仅体现自身良好的修养，而且代表公司、国家的外交形象。在与国际友人交往中，要热情有度：对待对方既要热情友好，又要把握好热情友好的具体分寸；要尊重对方的国家、地区、民族习惯；要尊重他人隐私，自觉回避对方个人隐私；要讲信用、信守承诺，不随便许愿，避免失信于人；要做到"女士优先"，尊重妇女，关心妇女，照顾妇女，保护妇女，并且时时处处努力为妇女排忧解难。

部分国家主要习俗见图 7—6。

1. 性格特点：

第一，随和友善，容易接近；第二，热情开朗，不拘小节；第三，城府不深，喜欢幽默；第四，自尊心强，好胜心重。

2. 着装特点：

总体而言，美国人平时的穿着打扮不太讲究，崇尚自然，偏爱宽松，讲究着装体现个性。

3. 用餐：

其一，不允许进餐时发出声响；其二，不允许替他人取菜；其三，不允许吸烟；其四，不允许向别人劝酒；其五，不允许当众脱衣解带；其六，不允许议论令人作呕之事。

4. 礼品：

为美国人赠送礼品要送单数，且讲究包装。

1. 称呼与交谈：

人们见面称呼时，即使在熟人之间，大多数头衔也要被冠在名字的前面。不要说有关君主制的闲话，也不要谈宗教。

2. 餐饮：

英国人很会保养，早上一睁眼就先喝"被窝茶"。午餐、晚餐一般为两菜一汤，牛肉、羊肉、鸡、鸭、鱼等搭配，外加点心、水果和咖啡。英国人十分讲究"午后茶"。公私机关每天下午4点半，免费供应红茶，另加白糖、牛奶或少许点心。在上层社会，邀请朋友饮茶仅次于设宴，是一种社交方式。

3. 礼品：

一般送价钱不贵但有纪念意义的礼物，切忌不要送百合，因为意味着死亡。英国人收到礼物习惯当面打开。

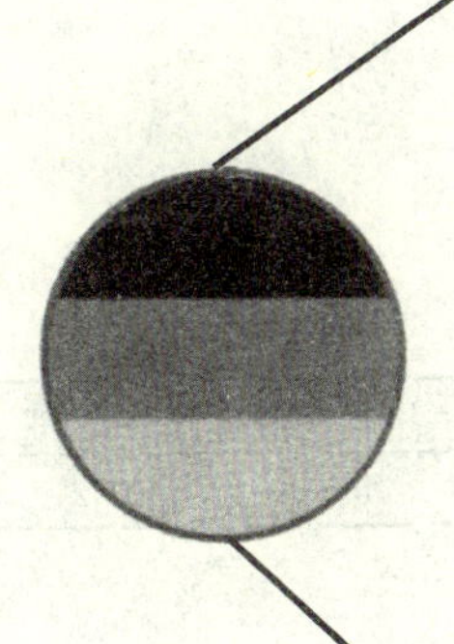

1. 性格特点：

第一，纪律严明，法制观念极强。第二，讲究信誉，重视时间观念。第三，极端自尊，非常尊重传统。第四，待人热情，十分注重感情。

2. 见面礼

握手要坦然地注视对方；握手的时间宜长些，晃动的次数宜多一些，力量宜大一些。切勿直呼德国人的名字，称其全称，或仅称其姓。

3. 餐饮：

其一，吃鱼用的刀叉不得用来吃肉或奶酪;其二，食盘中不宜堆积过多的食物;其三，忌吃核桃。

4. 着装：

德国人在穿着打扮上的总体风格，是庄重、朴素、整洁。在一般情况之下，德国人的衣着较为简朴。

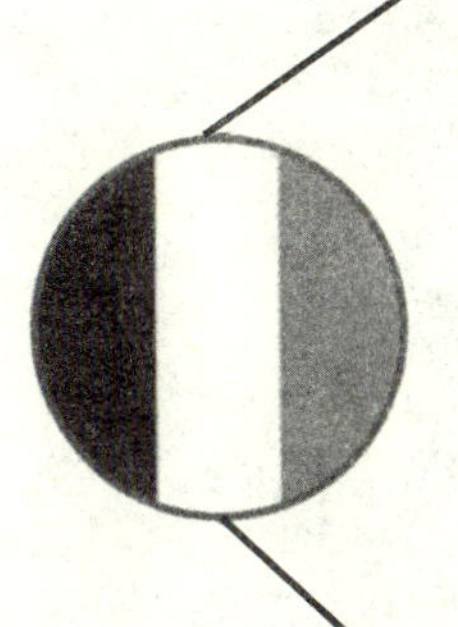

1. 性格特点：

第一，爱好社交，善于交际；第二，恢谐幽默，天性浪漫，受传统文化的影响，法国人不仅爱冒险，而且喜欢浪漫的经历；第三，渴求自由，纪律性较差；第四，自尊心强，偏爱“国货”；第五，崇尚骑士风度，尊重妇女。

2. 法国人对穿戴极为讲究。

3. 吃法国菜的礼节：

用餐巾的一角轻轻印去嘴上或手指上的油渍便可，注意仪态。坐姿都应该保持挺直，身体可略向前靠，两臂应紧贴身体。吃法国菜同吃其他西餐一样，用刀叉时记住由最外边的餐具开始，由外到内。

4. 礼品：

注意送花时不要送菊花、杜鹃花；不要送带有仙鹤图案的礼物；也不要送核桃，核桃有不吉祥的含义。

图 7—6 部分国家主要习俗

学生拓展活动

1. 查找资料，总结各国的主要习俗。

2. 礼仪习俗展示：教师下达展示任务，3～4 名学生为一组，做不同国家、民族的习俗展示。要求展示配以讲解，并配合身体姿态、问候语、见面礼节、服装等。

3. 情境服务练习：设计接待不同国家、民族的旅客情境，进行服务。

4. 我们在图 7—6 中提示了四个国家的礼仪习俗，除此以外，请再查找一些其他国家和民族的习俗资料，填写在表 7—1 中。

图 7—1　　习俗资料

国家、民族	重点习俗

评价

在情境服务练习中，教师与观摩同学一起评价，见表 7—2。

表 7—2 评价项目

讲解清楚	习俗特点突出	展示姿态规范	问候亲切	见面礼节正确

第八章 民航服务人员日常礼仪规范

学习目标

1. 了解日常生活中常用的迎访、交通、用餐礼仪规范；
2. 掌握轿车的接待礼仪规范；
3. 掌握日常礼仪规范，提高服务礼仪修养。

一个人的成功，15%是靠专业知识，85%是靠人际关系与处世能力。

——安德鲁·卡内基

第一节 迎访礼仪

工作情境任务

由学生演示主人和客人两个角色，模拟在家中接待客人。

思考·讨论

请其他同学考虑在迎访过程中应注意哪些礼节？

一、做客的基本礼仪

做客有不同的情况：初次登门拜访，老朋友串串门，应邀赴约聚会，有事求助于人等，因而礼节也稍有不同，不过无论何种情况，作为客人，都要为主人着想，客随主便，少给主人带来不便，这就有些需遵循的大致相同的礼节。

（一）注意时间的选择

一般来说，访问某人，应事先选择好时间，不宜选择对方较忙或三餐时间，晚上不宜太迟。节假日和周末，本是访问的好时机，但如果没有预约，也不要贸然前往，这些时间主人往往另有安排。预先约定时间，最符合礼貌。尽量不做不速之客，不请自到。预约好的拜访，宾主都要守时、守约、守信。客人应准时或稍提前一点儿到达，因特殊情况不能赴约，应想办法通知对方，无声无息地取消预约是极不礼貌的。

（二）注意服装的选择

一般的访问，服装整洁、朴素、大方即可，不必太过华丽。蓬头垢面、衣冠不整是对主人的不敬。去庆贺喜事，就须讲究些。

（三）进门时先敲门或按门铃

敲门要有节奏感，不轻不重，不急不慢，敲两三下为宜。虚掩着或开着的门也不可破门而入，给主人一个措手不及则很失礼。进室后最好等要拜访的人来后才落座。如果需要较长时间等候，可先落座与接待者交谈或看些报纸书刊杂志之类的读物，要拜访的人来后应起立寒暄。对约好的正式拜访，无论事情多急，拜访的时间多紧，在门口也只能寒暄问候，不要谈正题，入室落座后再谈，否则会给对方留下不成熟的印象。要穿拖鞋的在门口就换好，见到其家人应问好致意，不打招呼是失礼的。

（四）对主人的热情款待表示感谢

主人敬茶或糖果等小食品时，应起身或欠身双手接过，并说声“谢谢”，若敬烟，作为学生应婉言谢绝。喝茶忌出声响。

（五）交谈礼仪

交谈过程中，要注意交谈的礼仪和技巧，谈话要简要，少说消极、沉闷的话。善于倾听，作出积极反应，不要随意打断别人的谈话。客人在主人家不宜东张西望。不要随便走进主人的卧室，随意乱用物品，除非主人主动邀请。

（六）告辞礼仪

掌握好告辞的最佳时机。一般性拜访，时间不宜太长，也不宜太匆忙。一般以半小时到一小时为宜。若是事务、公务性拜访，则可视需要决定时间的长短。客人提出告辞的时间，最好是与主人的一个交谈高潮之后，或者是在又有新客人来时，交谈中主人若有疲劳感或有家人来提示有什么急事要办等情况时，适时告辞较为得体。告辞时应对主人及家人的款待表示感谢。如果主人家有长辈，应向长辈告辞。

（图片来源：http：//image. baidu. com。）

综上所述，作为客人，应遵守的基本礼节为：事先预约，不做不速之客；如期而至，不做失约之客；彬彬有礼，不做冒失之客；衣冠整洁，不做邋遢之客；举止端庄，谈吐文雅，不做粗俗之客；适时告辞，不做难辞之客。

二、接待的基本礼节

中华民族大都热情好客。“有朋自远方来，不亦乐乎”。对来客，不管是预约好的，还是不速之客，都要热情接待。不速之客大都有不得已的理由，来不及或不方便预先通知，所以应体谅对方。

（一）不速之客来访

如果自己衣冠不整，那么先为客人让座，致歉后回自己房间整衣，然后再出来接待。穿睡衣接待客人是不礼貌的。如果客厅房间比较散乱，客人到后表示歉意并稍整理一下客人的座位即可，不要忙乱地收拾房间，让客人感到尴尬。

（二）对预约的来客

1. 在预约的时间之前做好准备

（1）物质准备：

会客厅要适当收拾干净，并适当准备些茶点、水果之类的食品。客厅最好放些书刊之类，供客人等候时翻阅。要注意开窗通风。

（2）精神准备：

考虑好要讲的话题，做到心中有数。

2. 客人来访时热情相迎

客人脱下衣帽要主动为其放好（最好不要主动去拿客人的手提包和公文包），必要时向家人介绍。家人最好向客人致意，热情问候，不必打招呼的就应回避。

3. 让座

上座的位置：离门远的，对着门的。长沙发优于短沙发，高椅子优于低椅子。

4. 上茶

取出杯子，当着客人的面将杯盖揭开，盖口朝上放在茶几上；再放入适量茶叶，倒入 2/3 开水，盖好，从客人左侧上茶。若客人是长辈或领导、师长，敬茶时应右手扶杯，左手扶底，双手敬上，杯耳朝向客人，一般茶杯放在客人右前方。平辈或晚辈可随便些。上茶的顺序：先客后主、先长后幼、先女后男。

5. 与客人交谈

要注意倾听客人的讲述，不随便打断，对重要的地方可以附和或询问。运用得体的体态语言（目光、手势、表情、姿势等）来加强交谈的效果。交谈过程中，应不时邀请客人吃水果、喝茶，但要注意邀请的语气和分寸，不得体地频繁邀请喝茶会让客人感到催其离去。若正与客人交谈，又有其他客人来访，并与先到的客人互不相识，主人应主动替双方介绍。对来到的所有客人应一视同仁，对其中某一位过分亲密，会引起别的客人的不快或误会。

6. 送客的礼节

客人提出告辞时，主人先说些挽留的话，弄清对方确实再无留意时再送客。送客时，如果在家里，可让客人自己开门，主人开门似乎在下逐客令，迎客主人在前，送客主人在后，但在饭店等服务性部门和正式的聚会上，是不应让客人自己开门的。送客到门外，若是老年人、上级、女士或初次拜访者，则应送至楼下或庭院外，同辈、晚辈或常客可送至电梯口或楼道口，应目送客人走出视线以外，客人回头相看时，可挥手或点头微笑致意。如果客人刚出门，就听到背后“砰”地一声关上门，会误以为主人并不欢迎自己，至少觉得友谊不够深厚。

学生拓展活动

1. 练习上茶的动作方法。

2. 分小组分角色进行办公室或家庭拜访、待客的模拟训练。按进门—问候—握手—让座—上茶—交谈—告辞七个环节进行练习。

评价

4～5 名学生为一组进行迎访练习，教师与观摩组按表 8—1 评价。

表 8—1　　评价项目

主人		客人	
迎客	客前准备	拜访之前	预约
	见面礼仪		见面礼仪
待客	让座	拜访中	入座
	上茶		受茶
	交谈		交谈
送客		告辞	

评价方法：每项 1 分，满分为 12 分。10 分以上为优秀；6～9 分为合格；6 分以下为不合格，重新练习。

第二节　交通礼仪

工作情境任务

请你分别从行路、骑车、乘坐公共汽车、乘坐出租车、乘坐轿车、乘坐飞机六个方面总结交通礼仪规范，并举例讲解。

思考·讨论

当我们行走于路上，最重要的是应该注意安全，为了保证自己的安全，同时保证不侵犯他人的安全，还应注意什么礼仪方面的规范呢？可结合图 8—1 讨论。

图 8—1 交通礼仪

一、行路礼仪

情景链接

(一) 行人也该礼让

一位父亲带孩子骑车，父子俩走在机动车道内，任凭后面的车辆不停地按喇叭，这位父亲就是不紧不慢，毫不理会。见图 8—2。

(二) 马“迷”途，人糊涂？

都说老马识途，但图 8—3 中这辆拉着水果售卖的马车却在路口找不着北，不但停在了指路牌下，还有大半截在指路牌指的路上呢！马“迷”途，人糊涂？

图 8—2 行人也该礼让

图 8—3 马迷途，人糊涂

（一）行路礼仪规范

（1）遵守规则。

过马路走人行道，在路上要靠右行，忌互相勾肩搭背。

（2）讲究顺序。

当与人单排行进时，通常尊者在前，即前为上、后为下；当并排行进时，里为上、外为下；当三人以上行进，中间为上、内侧次之、外侧为下。当二人相遇时，要侧身互让。

（二）行走规范实例

1. 上下楼梯

（1）遵守规则。

单行行进，最多不超过两人，右侧行走。

（2）讲究顺序。

先到者先行。上楼时应走在尊长、客人后边；下楼时应走在尊长、客人前边；当并排行进时，拐角处让尊者先行。

（3）注意姿态。

上下楼梯时上体立直，与人前后相隔两三级台阶。

2. 出入电梯

（1）遵守规则。

忌扒门挤入。电梯内可视状况是否寒暄，如没有其他人员时可略做寒暄，有外人或其他同事在时，可斟酌是否有必要寒暄。电梯内尽量侧身面对客人。当乘坐自动扶梯时要自觉靠向右侧，左侧为紧急通道。

（2）讲究顺序。

遇到无人管理的电梯时：应请长者、尊者、残疾人后进先出。电梯到达门打开时，可先行进入电梯，一手按“开门”按钮，另一只手按住电梯侧门，礼貌地说“请进”，请客人们或长辈们进入电梯。进入电梯后：按下客人或长辈要去的楼层按钮。到达目的楼层：一手按住“开门”按钮，另一只手做出请出的动作，可说：“到了，您先请!”客人走出电梯后，自己立刻步出电梯，并热诚地引导行进的方向。

遇到有人管理的电梯时，则应请长者、尊者、残疾人先进先出。

3. 进出房间

（1）遵守规则。

先敲门或按门铃，用手轻开、轻关。

（2）讲究顺序。

门朝里开，自己应先入内把住门，侧身请尊长先进；门朝外开，请客人先进。

二、乘坐公共交通车礼仪规范

（1）上下车遵守秩序：先上后下，依次上车。

（2）主动让座。

（3）注意忍让。

（4）在车内不宜与司机过多地交谈，不宜谈论隐私性内容。不要在车内吸烟。

（5）不要在车内整理衣饰、描眉画眼以及脱鞋、抖袜子。对着车内后视镜补妆的做法，是很让人反感的。

（6）不要在车内与异性打打闹闹，表现得过分亲昵。

（7）不要在车内吃东西、喝饮料、吐痰。也不要打开车窗，让废物与浓痰随风而去，这样有悖于社会公德。

三、乘坐轿车礼仪规范

案例

王先生提拔之波

某公司的王先生年轻肯干，点子又多，很快引起了总经理的注意并拟提拔为营销部经理。慎重起见，总经理决定再进行一次考察，他恰巧要去省城参加一个商品交易会需要带两名助手，便选择了公关部杜经理和王先生。王先生同样看重这次机会，也想寻找机会表现一下。

出发前，由于司机小王乘火车先行到省城安排一些事务，尚未回来，所以，他们临时改为搭乘董事长驾驶的轿车一同前往。上车时，王先生很麻利地打开了前车门，坐在驾车的董事长旁边的位置上，董事长看了他一眼，但王先生并没有在意。

车上路后，董事长驾车很少说话，总经理好像也没有兴致，似在闭目养神。为活跃气氛，王先生引出一个话题："董事长驾车的技术不错，有机会也教教我们，如果都自己会开车，办事效率肯定会更高。"董事长专注地开车，不置可否，其他人均无应和，王先生感到没趣，便也不再说话。一路上，除董事长向总经理询问了几件事，总经理简单地作答后，车内再也无人说话。到达省城后，王先生悄悄问杜经理："董事长和总经理好像都有点不太高兴？"杜经理告诉他原委，他才恍后大悟："噢，原来如此。"

会后从省城返回，车子改由司机小王驾驶，杜经理由于还有些事要处理，需在省城多住一天，同车返回的还是四人。这次不能再犯类似的错误了，王先生想。于是，他打开前车门，请总经理上车，总经理坚持要与董事长一起坐在后排，王先生诚恳地说："总经理您如果不坐前面，就是不肯原谅来的时候我的失礼之处了。"并坚持让总经理坐在前排才肯上车。

回到公司，同事们知道王先生这次是同董事长、总经理一道出差，猜测着肯定提拔他，都纷纷向他祝贺。然而，提拔之事一直没有人提及。

思考·讨论

讨论并请指出王先生的失礼之处。正确的轿车座次应该是什么？

（一）轿车的座次

在轿车上，由专职司机驾驶，座次的常规一般是右座尊于左座，后座尊于前座。在公务活动中，轿车上的前排副驾驶座通常被称为“随员座”。按惯例，此座应由秘书、译员、警卫或助手就座，而不宜请客人在此就座。由主人亲自驾驶轿车时，一般前排为尊，客人坐在副驾驶座上与主人“平起平坐”，才合乎礼仪。

不同车型的座次如下：

（1）双排座轿车。

这种轿车在国内最为普遍。当专职司机驾车时，座次由高到低是：后排右座、后排左座、副驾驶座；当主人亲自驾车时，其座次从高到低依次是：副驾驶座、后排右座、后排左座。

（2）三排七座轿车。

当专职司机驾驶时，座次由高到底依次是：中排右座、中排左座、中排中座、后排右座、后排左座、后排中座、副驾驶座；当主人驾驶时，座次由高到底依次是：副驾驶座、后排右座、后排左座、后排中座、中排右座、中排左座、中排中座。

（3）多排座轿车。

这里所讲的多排座轿车特指四排或四排座以上的轿车，不管是谁驾车，座次都是由前而后，自右而左，依距离前门远近排定。

（4）轻型越野车。

不管由谁驾驶，其座次尊卑依次为：副驾驶座、后排右座、后排左座。

学生拓展活动

根据轿车座次知识提示，在图 8—4 所示的轿车座次安排示意图内试着填写座次。

▲代表司机驾车；●代表主人驾车；在□内填写数字，1、2、3、4…表示座次由高到低。

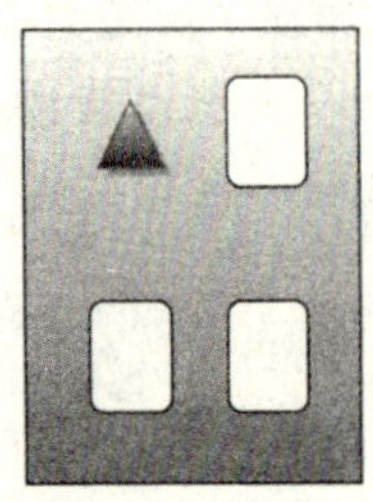

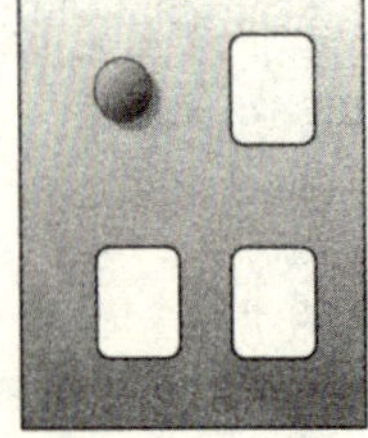

（a）双排座轿车

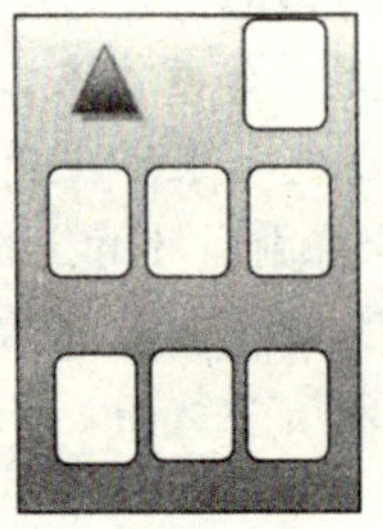

（b）三排七座轿车

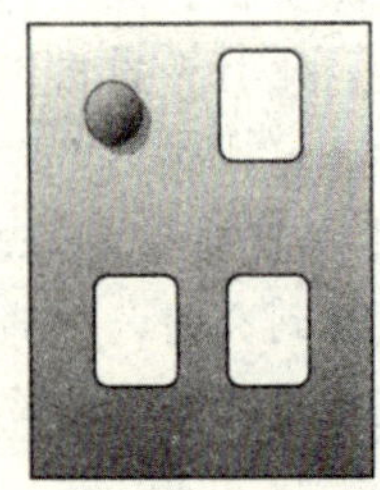

（c）轻型越野车

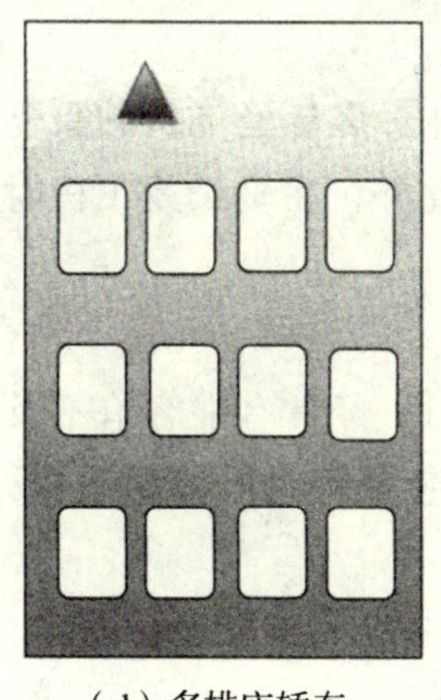

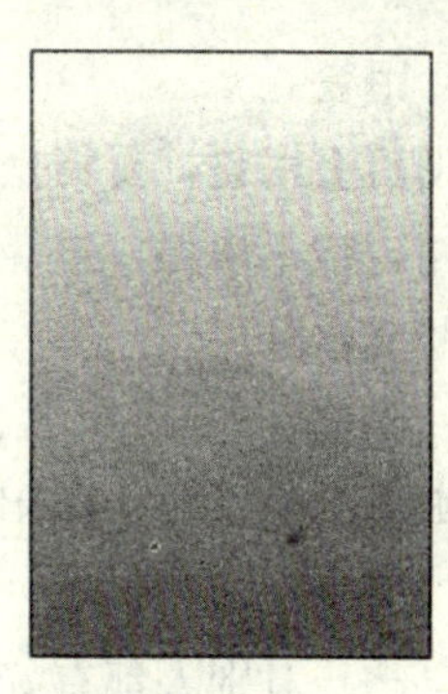

（d）多排座轿车　　（e）自己设计车型，自己安排座次

图 8—4　轿车座次安排示意图

（二）上下顺序

尊者、来宾先上后下。若一同与女士、长辈、上司或嘉宾在双排座轿车的后排上就座，应请后者先从右侧后门上车，在后排右座上就座。随后，应从车后绕到左侧后门登车，落座于后排左座。到达目的地后，若无专人负责开启车门，则应先从左侧后门下车，从车后绕行至右侧后门，协助女士、长辈、上司或嘉宾下车，即为其开启车门。要注意“女士优先”的国际惯例。

（三）姿态

商务人员在上下车时，动作应当“轻柔”一点，不要动辄“铿锵作响”。上下车时，不要大步跨越，连蹦带跳，像“跨栏”一样。穿短裙的女士，上车时，应先背对车门，坐下之后，再慢慢地将并拢的双腿一齐收入，然后转向正前方。下车时，应先转向车门，将并拢的双腿移出车门，双脚着地后，再缓缓地移出身去。

四、坐飞机的礼仪

（1）行李：

旅行时轻装便行非常重要，手提物品也不能太多、太大，否则会占用公共空间。有人常常在飞机完全停稳之前，就站起来拿行李，这是非常危险的。如果站着，飞机发生颠簸或突然停下，有可能摔倒而碰伤别人或自己。

（2）坐：

上飞机后，最基本的一点是坐下来时就把安全带系好，等待起飞。在整个飞行过程中，都要把安全带系好。因为飞机可能遇到意想不到的气流，有时出现相当厉害的颠簸，这是对安全不利的。在飞机上，要遵守一切规章制度。

在飞行途中坐累了，可以躺下休息。但在把座位放倒之前，要先向后座的乘客打声招呼。另外，去卫生间之类的事，要尽可能在飞机起、降之前完毕。

在飞机上不应大声聊天、娱乐，那是不顾别人的表现。

（3）用餐：

在飞机上用餐，要将坐椅复原，吃东西时要轻一点儿。多年坐飞机的需要更多的氧气消耗，应不喝酒，避免给你的身体增加过多负担。此外，在坐长途飞机时，应多喝水，补充水分。

（4）手机：

飞机上是绝对禁止使用手机的。飞机降落还在滑行时，经常有乘客迫不及待地打开手机，这是很危险的，会直接影响飞机的导航系统。应该待飞机停稳后再开手机，这样对自己、对别人都有好处。

（5）上、下飞机时不要拥挤着冲进（出）机舱，而应排队，按顺序行进。

学生拓展活动

1. 练习上下轿车的姿态。
2. 模拟练习接待客人上下车，并合理安排座次。

测一测

选择题（可多选，可单选）

1. 接待人员引导来访客人时，以下选项错误的是（　　）。

A. 在走廊上，接待人员在客人之前两三步，让客人走在内侧

B. 引导客人上楼时，接待人员走在后面，下楼时反之

C. 乘坐电梯时，接待人员应先进入电梯，走出电梯时，接待人员应请客人先行

D. 客人进入会客室坐在了靠近门的下座，接待人员不可以请其改坐，否则不礼貌

2. 乘坐车辆的座次顺序错误的是（　　）。

A. 主人亲自驾驶车辆时，副驾驶座为最尊贵，之后依次为后排右、后排左、后排中

B. 专职司机驾驶的车辆，后排司机后的座位是最尊贵的

C. 当主人驾车送其友人夫妇时，友人中的男士应坐在副驾驶位置上而不应与夫人同坐后排

D. 专职司机驾驶的双排六座轿车，后排右座为尊，后排左次之

3. 搭乘飞机应注意的有（　　）。

A. 飞机起飞时调整坐椅应考虑前后座位的人，不要突然放下坐椅靠背

B. 上下飞机时，应向站立在舱口相送的空姐点头致意

C. 不要在供应饮食时到卫生间去

D. 根据飞机座位的标号按秩序入座

4. 上下楼梯时错误的是（　　）。

A. 不管有多急的事情也不能奔跑

B. 为人带路上下楼梯时应走在前面

C. 与穿短裙的女士上下楼梯时应走在女士前面

D. 需要深谈时应该到楼梯的拐角处再谈

5. 乘坐小轿车时错误的行为是（　　）。

A. 着裙装的女士先上车

B. 抵达目的地时，主人先下车

C. 女士上车时应先轻轻坐在坐椅上再把双腿一同收进车内

D. 陪同客人坐同一辆车，主人应帮助客人从右侧后门上车后，再从左侧后门上车

6. 乘坐电梯的礼节错误的是（　　）。

A. 乘坐手扶电梯宜站在扶手左侧，右侧留作通道，方便有急事的乘客自由上下

B. 出入厢式电梯要讲先后顺序，出来时应由外而内依次而出

C. 当电梯人数超载时，不要强行挤入

D. 手扶电梯应尽量单人乘坐，避免多人并行、拥挤

7. 对汽车上座描述正确的有（　　）。

A. 社交场合：主人开车，副驾驶座为上座

B. 商务场合：专职司机，后排右座为上（根据国内交通规则而定），副驾驶座为随员座

C. 双排座轿车有的 VIP 上座为司机后面那个座位

D. 在有专职司机驾车时，副驾驶座为末座

8. 司机驾车，对座次的描述正确的有（　　）。

A. 后排高于前排　B. 两侧高于中央　C. 中央高于两侧　D. 内侧高于外侧

E. 前排高于后排　F. 外侧高于内侧

第三节　餐饮礼仪

案例

用餐尴尬

刘小姐和一位男士小张在一家西餐厅就餐，小张点了海鲜大餐，刘小姐点了烤羊排，主菜上桌，两人的话匣子也打开了。小张边听刘小姐聊童年往事边吃海鲜，心情愉快极了，正在陶醉的当口，他发现有一根鱼骨头卡在牙缝中，让他不舒服，小张心想，用手掏太不雅了，于是就用舌头舔，舔也舔不出来，还发出啧啧咂咂的声音，好不容易将它舔吐出来，就随手放在餐巾纸上，之后又在餐巾纸上吐了一些虾壳，刘小姐对这些不太计较，可是这时小张想打喷嚏，就随手拉起餐巾纸，用力一打，结果餐巾纸上的鱼刺、虾壳随着风势飞了出去，有一些正好飞落在张小姐正在吃的烤羊排上，这下刘小姐不高兴了，话也不说，饭也吃得少了。

思考·讨论

指出本案例中男士的失礼之处。享用中餐、西餐与自助餐分别有什么礼仪规范呢？

日常生活的一日三餐，每顿都不能少，逢年过节，人来客往，请客吃饭是常事。社交活动更离不开餐饮活动。餐厅里、饭桌上，优雅得体的行为举止，既表现了人们自身的文化修养，又让大家能够愉快地品味佳肴，增进友谊。讲究餐饮礼仪是必需的。

一、中餐礼仪

（一）用餐形式

餐饮是一种常见的社交活动，用餐有三种形式：

宴会、家宴、便餐。宴会要有一定的礼宾规格和程序。

（二）用餐座次

1. 桌次排列

第一种：以正对门而定，两桌横放，右为尊，左为卑，若竖放，则远为上，近为下。

第二种：三桌以上：距主桌越近，桌次越高。具体的桌次排列见图8—5。

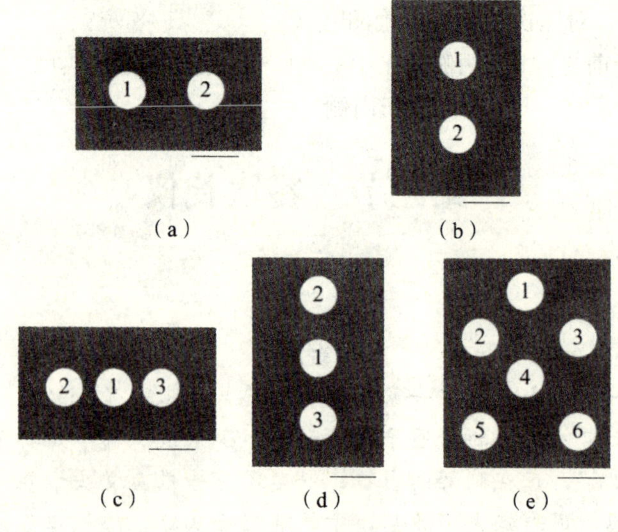

图8—5 桌次排列

2. 座次排列

遵循右上左下、中座为上、面门为上、观景为佳、临墙为好的原则来确定“上座”的位置。见图8—6。

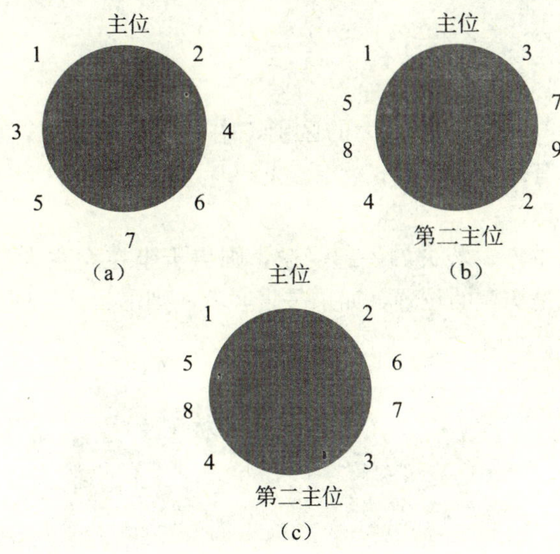

图 8—6 座次排列

（三）餐具使用

中餐的餐具主要有杯、盘、碗、碟、筷、匙六种。所有的餐具都要轻拿轻放。筷子是极具中国特色的，这里介绍一下筷子的使用规范：

不能举着筷子和别人说话，说话时要把筷子放到筷架上，或将筷子并齐放在饭碗旁边。

不能用筷子去推饭碗、菜碟，不要用筷子去叉馒头或别的食品，更不能用筷子拨盘子里的菜。

其他用筷忌讳还有：

(1) 忌舔筷——不要用舌头去舔筷子上的附着物；

(2) 忌迷筷——不要举着筷子却不知道夹什么，在菜碟间来回游移；

(3) 忌插筷——不要将筷子插在饭上；

(4) 忌泪筷——不要夹菜时滴滴哒哒流着菜汁，应该拿着小碟，先把菜夹到小碟里再端过来；

(5) 忌移筷——不要刚夹了这盘里的菜，又去夹那盘里的菜，应该吃完之后再夹另一盘菜；

(6) 忌敲筷——不要敲筷子，敲筷子是对主人的不尊重；

(7) 忌掏筷——不要将菜从中间掏开，扒弄着吃；

(8) 忌扭筷——不要扭转筷子，用舌头舔上面饭粒。

另外，现在有些宴席实行公筷母匙，那么，你就要记住不能用个人独用的筷子汤匙给别人夹菜舀汤。

（四）用餐礼节

用餐时，应注意吃相。不可摇头晃脑，宽衣解带；说话尽可能降低声调；在取食菜肴时，不要挑三拣四；多人就餐，应注意相互礼让。

二、西餐礼仪

（一）座次的排列

西餐的位置排法与中餐有相当大的区别，中餐多使用圆桌，西餐则以长桌为主。长桌的位置排法主要有以下两种方式。

1. 英美式就座方式

左右两端为男女主人，若夫妇一起受邀，则男士坐在女主人右手边，女士坐在男主人右手边，左边则是次客的位置，如果是陪客者，则尽量往中间坐。见图 8—7。

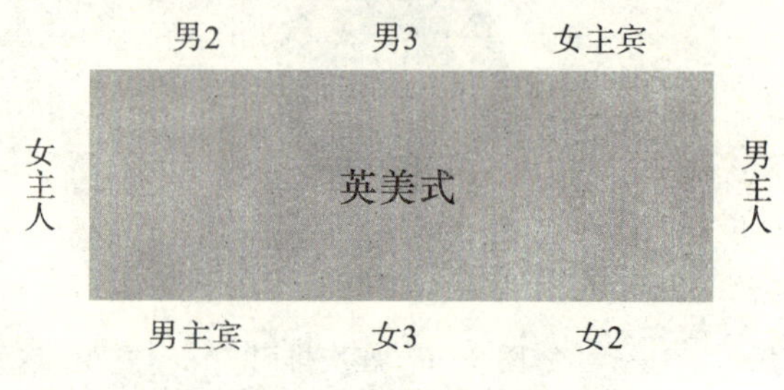

图 8—7　英美式就座方式

2. 法式就座方式

主人位置在中间，男女主人对坐，女主人右边是男主宾，左边是男次客，男主人右边是女主宾，左边是女次客，陪客则尽量往旁边坐。见图 8—8。

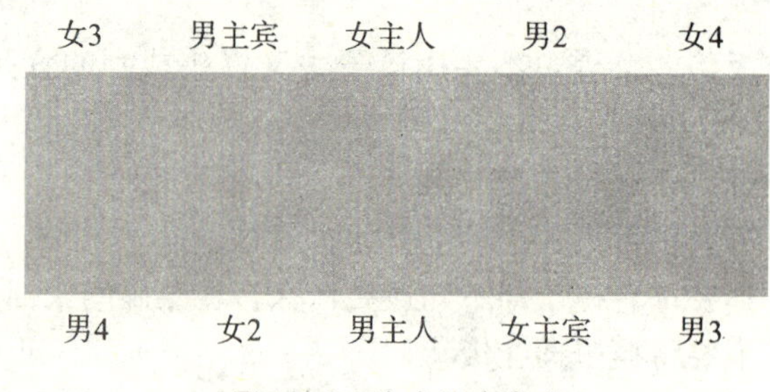

图 8—8　法式就座方式

（二）餐具的使用

1. 刀、叉、匙的用法

西餐宴席上使用的餐具主要是刀、叉、匙、盘、杯等。一般是左手拿叉，右手拿刀。拿叉的姿势是，用左手拇指、食指、中指拿住叉。拿刀的姿势是，用右手食指压在刀背上以出力，其余手指拿住刀把，见图 8—9。若有事暂时离开，把刀叉摆成八字，居中放在盘上。用餐完毕，将刀叉并列，靠右侧放在盘上。吃完一道菜将刀叉并列放在盘子的右边。不要举着刀叉和别人说话，不能发出刀叉相碰的声音。握匙的正确姿势为：用大拇

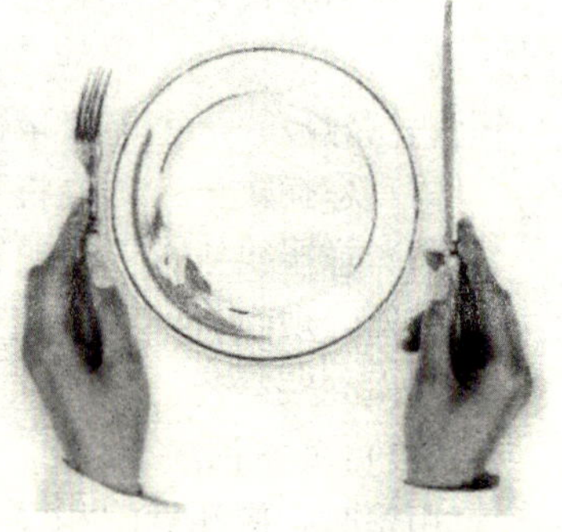

图 8—9　刀叉用法

指按住匙的把，其他手指轻轻托住另一边。舀汤时，应从盘子里面向外舀，盘中汤不多时，千万不可端起汤盘啶吸，而应用左手将汤盘微微外倾，用匙舀尽。

2. 餐巾的用法

一般来说，餐巾放在餐盘正中或叉子旁边。大家坐下后，可以将餐巾放在胸前下摆处，如果餐巾太大，可以折两折，对折处朝里。有事暂时离席，餐巾应放在椅子上，而不是桌子上，因为放在桌子上就意味着不想再吃了。吃完离座，才将餐巾放在盘子左边。餐巾内侧可以擦嘴，故不能用来擦桌子。如果餐巾掉到地上，应另要一块。然后把掉在地上的捡起来。

三、享用自助餐的礼仪

案例

周小姐代表公司出席一家外国商社的周年庆典活动，庆典活动结束后，那家外国商社为全体来宾安排了自助餐，在此之前，周小姐从未吃过自助餐，但是在她用餐之后，她发现其他用餐者的表现都十分随意，于是她也就照葫芦画瓢，像别人一样放松自己。

让周小姐高兴的是，她在餐台上取菜排队时，发现有自己最爱吃的北极虾，于是她满满地为自己盛了一大盘，当时她的想法是，这东西虽然好吃，可也不方便再三再四来取，让别人嘲笑自己没有见过世面。再说，现在不多盛，一会儿保不准就没有了。

然而令她脸红的是，她端着盛满北极虾的盘子从餐台走过时，别人都向她投来诧异的目光，甚至还有人小声说："真给中国人丢脸啊。"经事后打听，才知道自己当时的行为是违反自助餐礼仪的。

所谓享用自助餐的礼仪，主要是指以就餐者的身份参加自助餐时，所需要具体遵循的礼仪规范。

（1）要排队取菜。在享用自助餐时，就餐者需要自己照顾自己，但这并不意味着可以因此而随意妄为。实际上，在就餐取菜时，用餐者往往成群结队而来，大家都必须自觉地维持公共秩序。轮到自己取菜时，应用公用的餐具将食物装入自己的食盘之内，然后迅速离去。

（2）要循序取菜。在自助餐上，如果想要吃饱、吃好，在具体取用菜肴时，就一定要先了解合理的取菜顺序，然后循序渐进。按照常识，参加一般的自助餐时，取菜时的先后顺序应当是：冷菜、汤、热菜、点心、甜品和水果。在取菜前，最好先在全场转上一圈，了解一下情况，然后再去取菜。

（3）要量力而行。在根据个人的口味选取食物时，必须量力而行。切勿为了吃得过瘾，而将食物狂取一通，结果导致食物浪费。

（4）要多次取菜。在自助餐上遵守"少取"原则的同时，还必须遵守"多次"的原则。

学生拓展活动

模拟中、西餐就餐的过程。

1. 练习中餐座次、用餐礼节；西餐座次、用餐礼节。

学生 3～4 人一组，抽签决定练习内容。

2. 用餐礼仪展示：

组内成员分工，1 人在同学演示时讲解用餐礼仪规范要点；另 2～3 人演示。观摩同学评价。

3. 可进行简单实物练习。

评价

根据模拟练习，教师及观摩学生评价，见表 8—2。

表 8—2 **评价项目**

组别	座次安排	餐具使用	用餐礼节	讲解
1				
2				
3				

分为 3、2、1 分三个等级，3 分为完美，2 分为一般，1 分为有瑕疵。

测一测（可以查阅相关资料）

单项选择题

1. 中餐上菜的顺序一般是先上（　　），后上（　　）。

A. 热菜　　B. 冷盘　　C. 汤菜　　D. 甜食

2. 关于西餐餐具的使用，下面做法错误的是（　　）。

A. 一般情况下，左手持刀，右手持叉

B. 就餐过程中，需同人交谈，刀叉应在盘子上放成八字

C. 进餐一半，中途离席，餐巾应放在坐椅的椅面上

D. 取用刀叉或汤匙时，应从内侧向外侧取用

3. 宴会上，为表示对主宾的尊重，主宾的座位应是（　　）。

A. 主人的左侧　　B. 主人的右侧

C. 主人的对面　　D. 面对门的位置

4. 使用餐巾时，不可以用餐巾来（　　）。

A. 擦嘴角的油渍　　B. 擦手上的油渍　　C. 擦拭餐具

5. 关于喝汤的几种说法中不正确的是（　　）。

A. 要用汤匙，不宜端起碗来喝

B. 喝汤的方法，汤匙由身边向外舀出，并非由外向内

C. 汤舀起来，一次分几口喝下

6. 西餐正确的食用顺序是（ ）。

A. 开胃小菜，汤，海鲜，肉类，冷饮，烘烤食物，餐后甜食

B. 汤，开胃小菜，海鲜，肉类，烘烤食物，冷饮，餐后甜食

C. 开胃小菜，汤，肉类，海鲜，烘烤食物，冷饮，餐后甜食

7. 如果在餐巾前有大、中、小、高四个杯子，应该分别装（ ）。

A. 水、红葡萄酒、白葡萄酒、香槟酒　B. 啤酒、水、红葡萄酒、香槟酒

C. 水、啤酒、白酒、红葡萄酒　D. 水、红葡萄酒、白酒、香槟酒

8. 在西餐厅，如果用餐的时候刀叉不小心掉在地上，应该（ ）。

A. 弯下腰去捡

B. 轻唤服务生前来处理并更换新的餐具

C. 不管它，用餐结束再说

9. 西餐中取面包时，应该（ ）。

A. 用叉子叉　B. 用刀叉一起取　C. 用手拿

10. 如果餐中离座，应该将餐巾放在（ ）。

A. 餐桌上　B. 椅子上，或桌缘边下垂一角　C. 椅背上

附　录

附录一　民航常用服务用语

1. 您好！
2. 欢迎您！
3. 谢谢您的合作！
4. 别客气！这是我们应该做的。
5. 您好！请出示一下您的登机牌。
6. 请您留下姓名和联系电话，有事可以与您联系。
7. 您好！我能帮什么忙吗？
8. 请问，我能帮您做什么？
9. 请您多提宝贵意见，谢谢！
10. 希望您能满意我们的服务。
11. 对不起，我没听清您的话，请您再说一遍好吗？
12. 请您讲慢点，好吗？
13. 不必客气，愿意为您服务。
14. 请您多多指教。照顾不周，请多包涵。
15. 我刚才的态度不好，请原谅！
16. 您看这样解决行吗？
17. 我明白了。好的，是的，非常感谢。
18. 希望我的解释能使您满意。
19. 请原谅，实在对不起，打扰您了，都是我的过错，对不起。
20. 我们会立即采取措施，使您满意。
21. 实在对不起，请您再等几分钟。
22. 对不起，让您久等了。
23. 请稍等，我马上就来。
24. 请稍等，我马上给您送过去。
25. 请您慢走，再见！

附录二　中国传统节日习俗

	名称	时间	节日习俗
1	春节	农历正月初一（传统的庆祝活动从除夕一直持续到正月十五元宵节）	每到除夕，家家户户阖家欢聚，一起吃年夜饭，一起守岁，叙旧话新，互相祝贺、鼓励。当新年来临时，爆竹烟花将节日的喜庆气氛推向高潮。我国北方地区在此时有吃饺子的习俗，取“更岁交子”之意。而南方有吃年糕的习惯，象征生活步步高。守岁达旦，喜贴春联，敲锣打鼓，张灯结彩，送旧迎新的活动热闹非凡。
2	元宵节	农历正月十五	我国民间传统的元宵节，又称上元节、灯节。正月十五闹元宵，将从除夕开始延续的庆祝活动推向又一个高潮。元宵之夜，大街小巷张灯结彩，人们赏灯、猜灯谜、吃元宵，成为世代相沿的习俗。
3	二月二	农历二月初二	民间传说是天上主管云雨的龙王抬头的日子。从此以后，雨水会逐渐增多起来。因此，这天就叫“春龙节”。我国北方广泛流传着“二月二，龙抬头；大仓满，小仓流”的民谚。
4	清明节	农历四月清明节气	清明既是二十四节气之一，又是一个历史悠久的传统节日。清明的前一天称寒食节。两节恰逢阳春三月，春光明媚，桃红柳绿。寒食节的设立是为了纪念春秋时代晋朝“士甘焚死不公侯”的介子推。清明寒食期间，民间有禁火寒食、祭祖扫墓、踏青郊游等习俗，还有荡秋千、放风筝、拔河、斗鸡、戴柳、斗草、打球等传统活动。
5	端午节	农历五月初五	我国传统的端午节，又称端阳、重五、端五节。早在周朝，就有“五月五日，蓄兰而沐”的习俗。但今天端午节的众多活动都与纪念我国伟大的文学家屈原有关。这一天，家家户户都要吃粽子，南方各地举行龙舟大赛，都与悼念屈原有关。同时，端午节也是自古相传的“卫生节”，人们在这一天洒扫庭院、挂艾枝、悬菖蒲、洒雄黄水、饮雄黄酒、激清除腐、杀菌防病。这些活动也反映了我们民族的优良传统。

续前表

	名称	时间	节日习俗
6	七夕节	农历七月初七	每年七月初七，天下的喜鹊在银河上搭成一座鹊桥，牛郎和织女才能相见。这个美好的传说始于汉朝，经过千余年的代代相传，深入人心。这一天，民间有向织女乞巧的习俗。一般是比赛穿针引线，看谁更心灵手巧。因此，七夕又叫乞巧节或女儿节。七夕将至，牵牛和织女二星都竟夜经天，直至太阳升起才隐退，因而又被喻为人间离别的夫妻相会。
7	中秋节	农历八月十五	是秋季的中间，因此称中秋节。中秋之夜，除了赏月、祭月、吃月饼，有些地方还有舞草龙，砌宝塔等活动。除月饼外，各种时令鲜果、干果也是中秋夜的美食。此夜，人们仰望如玉如盘的明月，自然会期盼家人团聚。远在他乡的游子，也借此寄托自己对故乡和亲人的思念之情。所以，中秋又称“团圆节”。
8	重阳节	农历九月初九	重阳佳节活动极为丰富，有登高、赏菊、喝菊花酒、吃重阳糕、插茱萸等。重阳节又是“老人节”，老人们在这一天或赏菊以陶冶情操，或登高以锻炼体魄，给桑榆晚景增添了无限乐趣。
9	冬至节	农历冬至节气	冬至在我国古代是一个很隆重的节日。至今我国台湾还保存着冬至用九层糕祭祖的传统，以示不忘根本，祝福阖家团圆。北方地区冬至有宰羊、吃饺子的习俗，南方的传统食品有冬至米团、冬至长线面等。
10	腊八节	农历腊月初八	腊八节是佛教的节日。这一天是释迦牟尼成佛的日子，又称“成道节”。这一天最重要的活动是吃腊八粥。最早的腊八粥只是在米粥中加入红小豆，后来演变得极为复杂考究，主料有白米、黄米、江米、小米、菱角米等数十种，添加核桃、杏仁、瓜子、花生、松仁、葡萄干、桂圆肉、百合、莲子等，通宵熬煮，香飘十里。
11	除夕	农历腊月三十	除夕是一年中最后一天，这一天，普通人家尽量争取团圆，全家围炉而聚，喝酒、吃美食以辞旧岁，迎新年，而户外则是爆竹声声。一家大小在一起度过温馨的一年中最后一个夜晚。

参考文献

1. 宏阔，刘小红．航空服务礼仪概论．北京：中国民航出版社，2008
2. 金正昆．社交礼仪．北京：中国人民大学出版社，2007
3. 赵鸿渐．职场礼仪价值百万．北京：中国工人出版社，2009
4. 北京市教育委员会．礼仪．北京：同心出版社，2007

图书在版编目（CIP）数据

民航服务礼仪实训/侯苏容主编. —北京：中国人民大学出版社，2011.8
中等职业教育规划教材
ISBN 978-7-300-14188-6

Ⅰ.①民… Ⅱ.①侯… Ⅲ.①民航运输-商业服务-礼仪-中等专业学校-教材 Ⅳ.①F560.9

中国版本图书馆 CIP 数据核字（2011）第 164731 号

中等职业教育规划教材
民航服务礼仪实训
主　编　侯苏容
主　审　王万涛

出版发行	中国人民大学出版社		
社　　址	北京中关村大街 31 号	邮政编码	100080
电　　话	010－62511242（总编室）		010－62511398（质管部）
	010－82501766（邮购部）		010－62514148（门市部）
	010－62515195（发行公司）		010－62515275（盗版举报）
网　　址	http://www.crup.com.cn		
	http://www.ttrnet.com(人大教研网)		
经　　销	新华书店		
印　　刷	北京宏伟双华印刷有限公司		
规　　格	185 mm×260 mm　16 开本	版　　次	2011 年 9 月第 1 版
印　　张	9	印　　次	2016 年 9 月第 6 次印刷
字　　数	195 000	定　　价	20.00 元